此心光明
万物生

此心光明
万物生

于丹国学美文 向善卷

此心光明
万物生

于丹 著

长江出版传媒
长江文艺出版社

自序

一念

记得很多年以前,看到过一个故事:

一位将军,听人说"一念天堂,一念地狱",心里不解,就急匆匆赶去寺里问老方丈。

方丈正在坐禅,将军冒冒失失开了口,老方丈眼睛都没睁开,很轻蔑地说:"你这样一介武夫,连个起码的礼数都没有,还配听什么修禅的道理。"

将军大怒,咣当一声拔出剑来,直指老方丈鼻尖:"你个臭和尚,问你是给你面子,还不识抬举了?!"

方丈睁眼,一指将军:"此一念,你就在地狱。"

将军一怔,忽然羞赧,掷剑伏地:"在下失礼,本来是为求教于师父,还请师父宽恕。"

方丈淡淡地说:"此一念,你已经在天堂。"

自序

随着长大,看见都市里的街道一天比一天宽,人的心量却一天比一天窄。开的私家车越来越好,路却越来越堵,以至于出现了路怒一族。于是常常想:浮沉忙碌间,我们还能不能照顾好每一个起心动念?

《庄子·秋水》中称:"夔怜(虫玄),(虫玄)怜蛇,蛇怜风,风怜目,目怜心。"就是说一足的夔羡慕多足的(虫玄)跑得快,可多足的(虫玄)羡慕无足的蛇更快,有形的蛇呢,羡慕无形的风,而风知道自己的速度赶不上人的目光快,目光却明白世间最快的是起心动念,一念即千里,什么都追不上。

所以佛家有句话:"不怕念起,就怕觉迟。"**人吃五谷杂粮,有七情六欲,有个诱因,难免就起了嫉妒、贪婪、烦恼、报复各种念头,关键是有没有一种觉悟能及时制止了念头,让自己明辨是非的理智赶在做傻事之前醒过来。**

看"烦恼"二字,那是火冲上了顶、乱了心,而"觉悟"二字,恰恰是"见我心"。

于狂喜中、于暴怒中、于飞短流长的环境中,得见自己的心,都不容易。

世间最难辨识的不是远方,是近处;最难评价的不是网上的人和事,是自己。世间最难把握的也不是一生,是一念。

一位朋友给我讲过一件乡村往事:三十多年前,在他女朋友家的村里,有一户人家的女儿跟人私奔，怀了身孕。这在八十年代初的中国乡村可是天大的笑柄，连续几家妇女都来跟他后来的丈母娘议论这件事，可他这位准丈母娘就是不接一句茬儿。别人义愤填膺之余好奇追问这位邻居不表态的原委，老太太慢悠悠说了一句："我家有四个还没出嫁的丫头，我不敢担保自己家的闺女个个不落话把儿，我也不敢笑话别人家的闺女。"

后来，这家的女儿都考了出去，个个很有出息。乡里都说，是为娘的家有规矩，口上也积德。

不敢幸灾乐祸，就是一念慈悲。

时时心存"不敢"，就熄了些自己的妄念，多了点儿对别人的恻隐。一念不炽，就烧不毁理智清明。

星云大师提倡的"三好运动"，无非就是"说好话，做好事，存好心"：言语上不妄语、不诽谤；行为中毋因善小而不为、毋因恶小而为之；那么心念上自然就养出善意来了。一念一行，生生不息，也就从当下绵延成了一生。

努力照顾好当下每一个念头吧。

目录

有所依

老者安之
朋友信之
少者怀之

一　陌上心，缓缓归　003
二　爱是人生的暖意　006
三　家是一生的烙印　009
四　家有三人行　013
五　专属的天使　017
六　因为懂得　020
七　独自疼痛的时光　023

有所为

己所不欲 勿施于人

一　行走，与伟大相遇　029

二　心不乱，世界就不乱　032

三　仁者不忧　035

四　有不为斋　038

五　柔软的禅心　040

六　人间有味是清欢　043

七　休息也是一种修行　046

有朋来

以文常会友
唯德自成邻

一　朋友信之　051

二　世间最美的关系　054

三　说话与听音　057

四　「放过」的善意　060

五　只生欢喜不生愁　063

六　茶中浮沉多少事　067

七　流沙与天堂　070

有学思

书卷多情似故人
晨昏忧乐每相亲

一 一诺千金
二 姥姥的私塾
三 向野生动物学习
四 此心光明,亦复何言
五 不如乐之
六 煎熬也是一种成全
七 把自己当自己

有君子风

望之俨然
即之也温
听其言也厉

一　幸福不是生命的全部意义　103
二　理玉　108
三　情分与本分　110
四　读心　113
五　观过识君子　116
六　心能转境　119
七　找回自己的魔法　123

有神仙骨

戒得长天秋月明
心如世上青莲色

一　凉风起时　129

二　我和谁都不争　132

三　晴丝吹来谁家院　135

四　生命的伏笔　137

五　舌尖上的四季　141

六　最美的自己　144

七　谁怜风花雪月　147

有心成长

登东山而小鲁
登泰山而小天下

一 爱和善意的吉光片羽 151
二 童心本无用 154
三 留住相约的那场雪 158
四 相逢恨早 161
五 岁月风景 163
六 三十而立 167
七 针线有爱 170

有梦安顿

浴乎沂
风乎舞雩
咏而归

一	沐浴春风咏而归	175
二	我们的心能遨游多远	178
三	一生如诗	182
四	没钱的日子	187
五	取舍的气度	190
六	注定寻找	193
七	阳光就在更高处	197

有所依

老者安之
朋友信之
少者怀之

陌上心，缓缓归

相传五代十国时期，吴越国创建者钱镠的夫人戴妃，原是横溪郎碧村的一个乡下姑娘。嫁入钱家，随军南征北战，半生流离。后来虽贵为一国之母，仍是挂念父母乡土，年年春天必回娘家，侍奉双亲。

那一年，戴妃又离宫回乡。钱镠朝中理政，不觉春光灿烂。一日踱出宫门，却见凤凰山脚，西湖堤岸已是千里莺啼，桃红柳绿，想起戴妃，多日不见。折返回宫，提笔传书："陌上花开，可缓缓归矣。"田间阡陌上的花儿都开了，爱妃可以沿路赏花，不必着急回来。而我，还会站在这些小路的中央，慢慢等你归来。

"何意百炼钢，化为绕指柔。" 钱镠一生戎马，雄霸一方，面对良辰美景，相思如花美眷。戴妃的孝，钱王的忠，夫妻的爱，多少深情和风情，一起写就了这段千古佳话。

《论语》说："君子务本。"一个人只有去伪存真，才能在最朴素的地方见出做人的核心价值；在一片纷乱迷茫中，不至于走得太乱，太远。而家人就是"本"，"忠""孝"就是"本"。家庭之爱是我们一生风景的起点。

子又曰："入则孝，出则悌。谨而信，泛爱众，而亲仁。行有余力，则以学文。" 古人总是从我们的脚下出发，从自己的亲人出发，先把这

些最基本的东西做好了；再去学知识、谈文化，能走多远就走多远，用这样一种本能之爱，到社会上去做理性的提升。

可今天呢？我们的心总是从很远的地方缓缓归来。我们一开始都去学文化，去努力认同社会的公共标准。今天的小学生知道南极北极，中学生了解欧美历史，但还有几个人记住了"入则孝，出则悌"？

孔子毕生理想不过"老者安之，朋友信之，少者怀之"。人最容易犯的错误就是灯下黑，真能做到这三条的人，望之寥寥。"老者安之"，相关"孝"与"仁"，社会主流价值得以建立。"朋友信之"，牵连"诚信"和"交往"，中兴治世不过如此。"少者怀之"，则教育"怀"有高尚的情操和远大的抱负。我们总想着宏大目标，治国平天下，但是谁能把身边这老的、小

近代 陈少梅 《山水人物》

的和朋友们都安顿好了呢？

"陌上花开，可缓缓归矣。"

一早起来，孩子睡眼迷离地问我："妈妈，今天你不走吧？"我抱抱她："今天周末，妈哪儿都不去，咱出去玩儿！"孩子连蹦带跳换衣服去了。我恍然看见十年后，周末的早晨，我问："孩子，今天你不走吧？"孩子也抱抱我："妈，周末我约的事儿多着呢……"

每颗心都需要安顿。在这繁忙的节奏里，让自己的灵魂从远方漂泊而归，回到一个温暖朴素的地方。趁着好天气，能在一起的家人们，出去玩儿吧！

国学小站

一次孔子和颜回、子路聊志向，说到自己的人格理想："老者安之，朋友信之，少者怀之"（《论语·公冶长》）。在这个世界上，每一个人都不可能摆脱与这三种人的关系，我们的长辈——如生我养我的父母，我们的平辈——如一生相伴的朋友，我们的晚辈——如自己的儿女。即使是今天的我们，倘若真能做到让老人得以安顿，让朋友对自己信任，让年轻人对自己怀念，也绝对是成就了无悔人生。

爱是人生的暖意

"二人成仁。"孤独的、自我的、封闭的环境下,是谈不上仁爱的。仁爱一定是你旁边还有别人,只有在人和人的关系中,才能看出是否有仁爱。

有仁爱之心的人,就算对待一个路人,脸色也是温和的,有一种暖意。心中没有仁爱,即使面对自己的父母和孩子,也难免冷若冰霜,甚至冲撞伤害。

仁者爱人,是一种发自内心的善意。它能感染别人,也能影响自己。有仁爱的人,热爱山川河流,热爱四时风物,热爱跟别人在一起的欢乐时光,而他那种柔软的情怀,可以无所不在,去感染所有的人。同时,这种仁爱经过点点滴滴的穿越,终其一生,会给我们的生命带来温和、雍容和大气。

因此,仁爱无非就是我们跟世界相处的一种状态,它从我们的行为上表现出来。克制自己不好的地方,你的心就会平和下来,仁爱就会流露。

但仁爱也不是一种一成不变的品德,并非一有了仁爱,就万事大吉。仁爱是一种持续的积累,需要我们时时呵护。

不是每个人、每一天,都面临着"三军可夺帅,匹夫不可夺志也"

近代 陈少梅 《松溪放棹图》

那样的大节关头。但面对着生命的流逝，我们难免会感伤，随时都可能被这个世界所改变。所以，对生命保持一种谨慎，一种尊重，用仁爱之心不断地完善它；那么，生活中"如坐春风"便无处不在了。

子曰：不仁者不可以久处约，不可以长处乐。仁者安仁，知者利仁。
——《论语·里仁》

一个不仁爱的人不可以长久地居于贫困中，因为他会烦躁、会游移、会看轻自己；也不能长久地居于安乐之中，否则就会有腐化堕落的危险。但有了"仁"就不一样了，把心安顿在仁爱之中，安宁坦然。有仁爱作根本，行走于世界，便是真正的君子。

家是一生的烙印

有一年春节，我带女儿去丽江玩。女儿第一次去鸡场捡鸡蛋，感觉特别新鲜。回来后，她一手握着一只鸡蛋，吃饭时攥着，过安检的时候也舍不得放下。我们都笑她："你那鸡蛋都快孵出小鸡来了。"就这样，两只鸡蛋颠沛流离地跟着她，回到家。

一进门，没来得及换鞋，她就扑到姥姥怀里："姥姥，我给你带回来两只鸡蛋！"那一刻，我们都傻眼了。孩子做了什么不重要，难得的是她心中还有牵挂。

家庭里充满了牵挂，孩子就被留下牵挂的习惯；家庭里充满了诗意，孩子就被打上诗意的痕迹。

现在的人越来越像流水线上的标准产品，越来越失去了属于每个家庭的烙印。"烙印"的英文是"brand"，它还有一个意思就是"品牌"。企业得有品牌，人也要有品牌。人的品牌不是你拥有几亿资产，多高的学位，或是显赫地位；而是我们带着什么样的家族烙印，融入社会，我们用一种什么样的个人印记去对抗过于规范化的"流水线"。

好的家教有两个特别重要的指标，尊严和自由。人这一辈子，一切努力都是为了提升尊严、延展自由。无论多好的职业、多好的爱情，一旦侵犯到尊严和自由，就会产生冲突，甚至出现新的选择。

我相信尊严与生俱来，它不是父母赋予的，也不是可以向任何人乞求的，而是自己的选择。女儿5个多月，周围堆着各种玩具，但是她爱玩的只有一样——空药瓶子。带她的阿姨总是从她的小手里抢过瓶子："这个不好玩，你还是玩电动娃娃吧！"可她还是把电动娃娃推到一边，顽强地抓住药瓶子，痴迷地拧瓶盖。

后来，我咨询儿童心理学专家。他说：5～6个月的孩子开始学习手指精细化动作，拧瓶盖对小肌肉的发育大有益处，比玩电动娃娃好多了。所以，尊重孩子的选择，不用成人的标准剥夺它。

还有"自由"。我常带孩子背诗。有时，她踩着滑板车奔跑，我追着她，听她大声地背诵："天生我材必有用，千金散尽还复来"；有时，她在浴缸里打水花，突然觉悟："妈妈，这是不是'春江水暖鸭先知'呀？"

女儿两岁多，开始活用诗词。有一次我出差回来，问她："你想妈妈吗？"她冷不丁地说："路上行人欲断魂。"可爱至极。女儿偶然解构经典，我从不纠正。一个人可以胡说八道的年华还有多少？小时候保留一些胡说八道的自由，长大了，才可能拥有突破常规的创新。

所以，我很喜欢"家教"这个词。它是一种耳濡目染，一种长期的人格养成，它输出的终端产品，是"态度"。而正是这种态度，决定了我们能走多远。**家教是一个人价值观形成的基地，它不仅是伦理的认同，也是规则的认同，它能够让孩子从小就找到一种生命的自觉，一种专属于自己的烙印，如同那两只执着的鸡蛋。**

中国文学史上，有一个有趣的现象：文学的喜好和成就，似乎成为某些家族的基因，父子、兄弟、姊妹……相承相继，我们称之为"文学家族"。

汉代，正是司马迁父子和班固父子的子承父业，才有《史记》《汉书》这样的鸿篇巨著；汉末三国，由于曹氏父子的倡导、率范，才开始了建安风骨；宋代，"一门三父子，都是大文豪"的苏氏父子并驰于文坛，推动了北宋文学达到最高水平；明代，又是清新洒脱的袁氏兄弟，独抒性灵、不拘格套的公安文章彻底击碎了复古派的逆流。正是由于家族内部提供了一个自足的、相对定型的文化环境，使家族文人容易形成比较接近的文学观念、审美情趣和创作风格。

近现代　齐白石　《荷塘清暑》

四

家有三人行

很多人问我："《论语》这么枯燥，你多大的时候开始背诵？"其实我没有刻意去背，幼年读《论语》，总是大人随口讲给我听。

我四五岁的时候，爸爸带我参加朋友聚会，他会说："'三人行必有我师焉'，你去数数，今天这里有多少叔叔阿姨，又有多少老师？"我"噔噔噔"数一圈，有时八个，有时七个。爸爸又说："其实这里的'三'不是固定的数字，它表示你会有很多老师。你再去挑挑，看看谁可以当你的老师。"我接着再转一圈。看到一个阿姨很温柔，照顾这个，呵护那个，我喜欢。又有一个叔叔，说话高门大嗓，随地吐痰，不可爱。回来晃着小脑袋，我跟爸爸说：这个阿姨是老师，那个叔叔不是老师。

爸爸刮刮我的小鼻子："阿姨做得好，是老师；你要跟她一样好，这叫'见贤思齐'。叔叔做得不够好，也是老师；这叫'见不贤则内自省'。因为你看到他做得不够好，就会反问自己，我会不会也那么不好；所以他也是老师。"我当即表态："我才不会像他那样呢。"爸爸又说："你觉得叔叔不文雅，是因为有人看着。但是你一个人的时候呢？你会不会也做出不文雅的事呢？"这时，我沉默了。爸爸就哈哈大笑："古人说'君子慎独'，一个人的时候你也不能这么做。"

我们常说"因材施教",要实现这一点,真正开发一个孩子的生命潜能,往往依赖家庭教育,而不是社会教育。**社会教育教给学生一种确定性价值的认可,家庭教育则带给孩子可能性价值的开发。如此这般,各持一端,生生不息**。

　　为人父母者,常常砥砺精进,时时从容不迫;虽知心怀敬畏,仍将勇往直前。家中人人拥有自信,拥有从容,拥有成长。则三人行,人皆可以为师了。

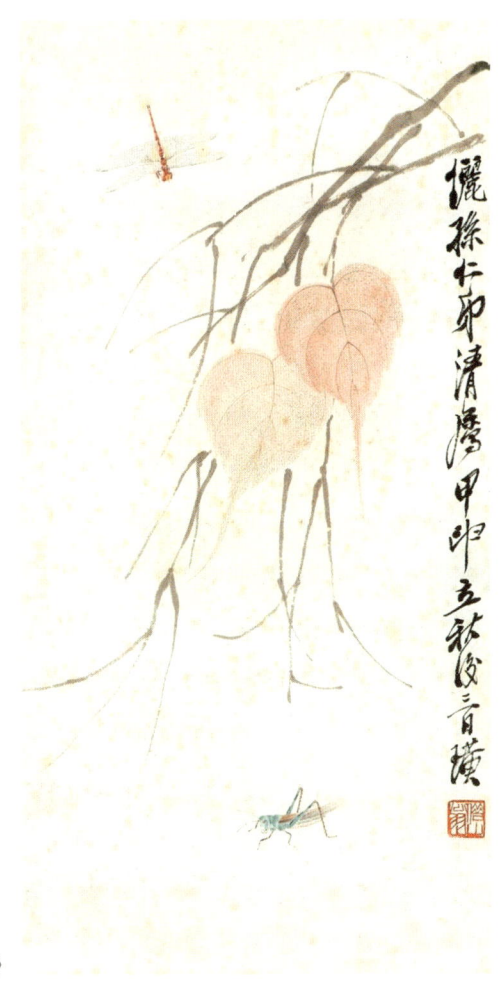

近现代　齐白石　《小生灵》

一次，卫国公孙朝问子贡，孔子的学问是从哪里学的？子贡回答说，古代圣人讲的道，就留在人们中间，贤人认识了它的大处，不贤的人认识它的小处；他们身上都有古代圣人之道。"夫子焉不学，而亦何常师之有？"(《论语·子张》)夫子随时随地向一切人学习，谁都可以是他的老师，所以说"何常师之有"，并没有固定的老师。

一个人如果张开耳目会发现处处皆是学问，真正的学习就是调动主观能动性，去学习生命中最匮乏的经验。学习在处处，在时时，在每一次相遇之中，从而打开最真实的自己，去分辨，去提升。

专属的天使

传说，天神把每个孩子送往人间，总会给予很多祝福，诉说种种美好。可是这些小生命还是很忐忑，害怕失去天神的佑护。于是天神告诉他们："放心吧，每个生命都有一个专属天使守护着。这个天使会终其一生，忠诚地对待你。在最黑暗的时候给你光明，在最寒冷的时候给你温暖，在所有风险来临的时候，拼着性命保护你。"

"那么，我们怎样找到自己的专属天使呢？"小生命们问道。

天神说："很简单，只需要叫一声'妈妈'，她就出现了。"

在这世上，生物之爱似乎都存在这样一个现象，很美好，也近乎残酷：所有的爱都是下行的。对父母来说，儿女是自己身上掉下来的肉，所以父母怎么尽心都不为过，那是一种生命的本能。但是，被称作"孝敬"的上行的爱，却被视为一种美德，需要时刻提倡和赞扬，而非本能。

有人说，我们并非不知孝敬，只是埋在心底罢了。生活总会带来太多的借口，使得我们对父母的孝敬心思或浓或淡：闲的时候浓一点，忙的时候淡一点。

世界上没有一种孤立的现象，也没有一种孤立的标准。换位去想，父母当年养育我们，也曾面临社会的重重重压，也有太多的借口可以利用，但他们的爱从来不会或浓或淡，若有若无，而是一种细水长流

善

的恒久。

让上行的爱也成为一种浓烈的自觉吧。有一天父母老了,你就是他们的专属天使。

国学小站

孔子在《论语·子罕》中曾说:"出则事公卿,入则事父兄,丧事不敢不勉,不为酒困,何有于我哉?"即是说,一个人出外则面对公卿,为社会做事;回到家里,面对父兄,尽心尽孝。有丧事不敢不尽力,而对自己的生活有节制,可以饮酒但不会被酒困扰。对我来讲,做到这些又有什么难处呢?在孔子的思想体系中,"事公卿"和"事父兄"是连在一起的。其实今天也是一样。我们可以在这个世界上创造很多的辉煌,但是永远也不能忘了脚下的起点,那就是父母对儿女的心。

清　改琦　《人物山水立轴》

六

因为懂得

一对渔民夫妇，两个人相亲相爱，一辈子都没有红过脸，没有吵过架。妻子非常贤惠，每天都从丈夫打回来的鱼里挑一条最大最完整的，斩去头尾，特别精心地烹饪中段，今天红烧，明天清蒸，装在大盘子里给丈夫吃，而自己就在厨房里简单地把剩下的鱼头鱼尾烧一烧，吃过就算了。

几十年过去了，有一天，老先生在黄昏暮色中深深地叹了口气，他对妻子说："我这辈子没对你提过任何要求，现在再不提可能就没有机会了。你什么时候能给我做一顿鱼头呀？我这辈子最喜欢吃鱼头。"妻子一听，顿时泪流满面："我从当姑娘起，就认为鱼肉是这世界上最好吃的。为了爱你，我把鱼肉都给了你，鱼头我自己吃。"

世间最大的误区不是不爱，而是以自己的方式去爱。世间最大的欠缺、比爱还奢侈的，是"懂得"。

张爱玲说："因为懂得，所以慈悲。"慈悲的情怀不同于强烈而狭隘的爱，它是站在对方立场上的换位思考。

深深相爱的恋人，互诉衷肠："我爱你，宁愿放弃整个世界。"这并不是好的爱情。把他的爱人放到整个世界的对立面上，只会出现三条绝路：一是失去世界，二是失去自我，三是失去爱人。爱具有改天换地的创造力，你们因此有了更大的责任和担当，让彼此更美好。因了这种力量，你便不会再去绑架别人的情感。

什么是好的爱情？我爱你，更爱这个世界。而这一切，都源于懂得。懂得是一种谦卑，懂得内心的自由和尊重，懂得消除两性的战局，让敌对的抱怨变成和平的互补。

"一阴一阳谓之道。"男人如山一般的担当，女人如水一般的包容。这个世界因了差异而完成平衡。**平衡是人间最大的艺术。看清了世间的所有平衡，我们才知道自己不在世界的中心；日月天地才是我们的坐标。**

懂得是我们每天的功课。在岁月中审视生命，在懂得中变得谦卑。

审视生命，懂得珍惜。请常思二三句：
人生有七苦，生、老、病、死、怨憎会、爱别离、求不得。
——《佛经》
一切众生，皆具如来智慧德相，但因妄想执着，不能证得。
——《华严经》
过去心不可得，现在心不可得，未来心不可得。
——《金刚经》

清　石涛　《夜雨》

七 独自疼痛的时光

"千山鸟飞绝,万径人踪灭。孤舟蓑笠翁,独钓寒江雪。"这幅遗世而独处的景象,是红尘之外的一个永恒诱惑。很多时候,我们的心需要独处,需要自我放逐,然后从中获得宁静与力量。原本世界上,所有生命个体都是独立的。

每个生命的成长都必须穿越注定的磨难,没有任何一个人能够替代你。比如,我爱我的孩子,她要是磕了碰了,我可以替她去包扎,可以抱着哄她,但是我再心疼也不能代替她流血、疼痛。世界上没有无所不能的救赎,我们更需要生命的自救。

"心似已灰之木,身如不系之舟。问汝平生功业,黄州、惠州、儋州。"文豪苏东坡一生坎坷蹉跎,问他这辈子有什么功勋,这些都是他贬过官的地方,一直被赶到海南岛的天涯海角。

有一天,苏东坡和朋友出门游玩,突然下雨,手中没有雨具,同伴狼狈而逃,他浑然不觉,一人漫步在风雨中。

三月七日,沙湖道中遇雨。雨具先去,同行皆狼狈,余独不觉,已而遂晴,故作此词。

莫听穿林打叶声,何妨吟啸且徐行。竹杖芒鞋轻胜马,谁怕？一蓑烟雨任平生。　　料峭春风吹酒醒，微冷，山头斜照却相迎。回首向来萧瑟处，归去，也无风雨也无晴。

穿林打叶声固然汹涌澎湃，但是人心自空，可以不听。"何妨吟啸且徐行。竹杖芒鞋轻胜马。"何妨就在风雨中散步、吟啸，有竹杖，有芒鞋，步履轻捷。有风有雨不要紧，关键要问问自己的心怕不怕。如果你怕了，你就真的已经败给风雨。如果你不怕，风来雨来，"一蓑烟雨任平生"。穿越风雨，他能够逢着什么？"料峭春风吹酒醒，微冷，山头斜照却相迎。"一阵春风把酒吹醒，觉得身上有一点点凉意，蓦然撞见前方山头斜阳正红。雨霁风停，回头再看来时路，"回首向来萧瑟处，归去，也无风雨也无晴"。一切都会开始，正如一切都会过去。

这个世界上善意和恶意的动静都很大。内心被现实无理挤压，未必就是不幸。无数独自疼痛的时光，终究需要自我去穿越。只要你对自己的生命拥有一份诚意，就能找到自救的力量。不自觉间融合许多人的生命，迅速发现自己的方向，让你的每一次经历都成为值得记忆的瞬间。

终有一天，我们穿越世相，笑看云起，送走心上踩过的动静，熬过独自疼痛的时光，于是惊艳，风雨之后，夕照温柔。

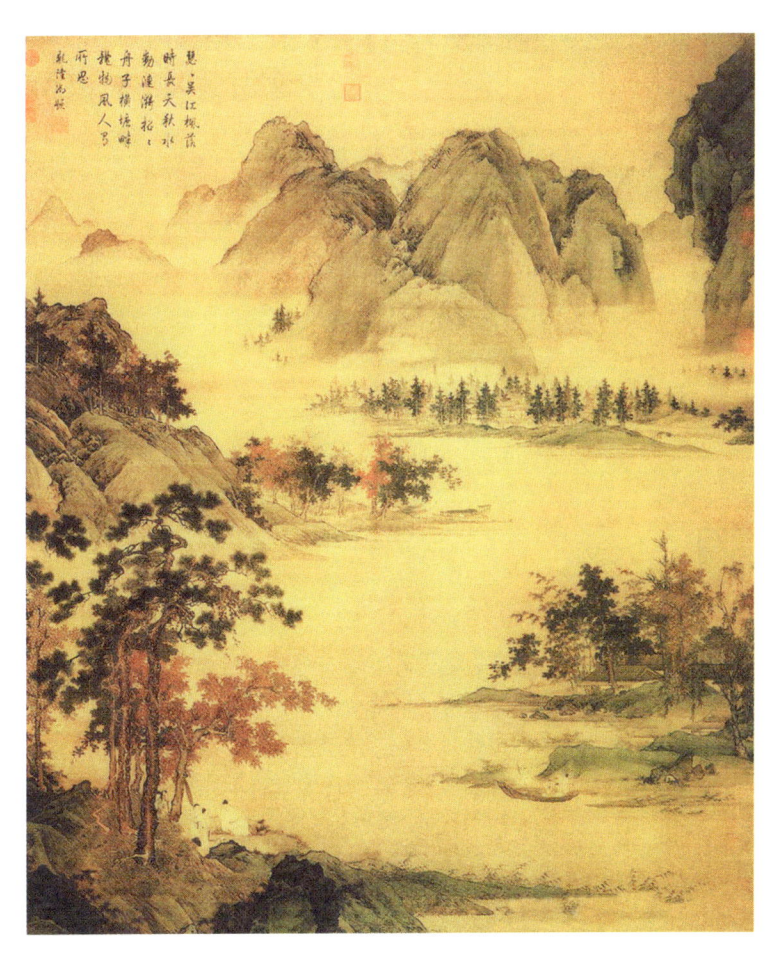

清　石涛　《千山红树图》

张孝祥一生屡被贬官,他是这样看待的:"应念岭海经年,孤光自照,肝胆皆冰雪。短发萧骚襟袖冷,稳泛沧浪空阔"(《念奴娇·过洞庭》)。就算短发萧疏、一腔清冷又有什么呢?我还可以自在地泛舟,生命还是很稳健。即使天地都没有光明了,只此一刻,我还能"孤光自照,肝胆皆冰雪"。

其实"孤光自照"转换为庄子的话,就是两个字——"葆光"(《庄子·齐物论》)。我们的心是一个府库,养心是为了葆有心的光芒。这种光芒不一定来自外界,而是内心里的深藏。只要我们每个人都能以自己的生命作为支点,葆有自己的光芒,并能从别人的生命里,从历史文化中找到困顿时可以被救赎的力量,安稳时可以快乐的能力,我们就能安然度过那些独自疼痛的时光。

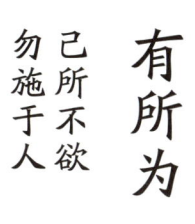

有所为

己所不欲
勿施于人

一

行走，与伟大相遇

我喜欢行走，途中相逢他人的信念和梦想，邂逅比我们的生命更辽阔的伟大与不朽。你会发现，总有沉默不语的人群做着惊天动地的坚持。而这一切，终将成为我们庸俗、琐碎的苦难中真正的救赎。

我在北极时，曾看过一个关于挪威南森爵士的纪录片。故事的主人翁被誉为"人类历史上最成功的失败者"。

南森是一个体面而堂皇的爵士，不到30岁便有资产、有学问，身边是美丽的太太，天使般的女儿。然而，他的梦想是挑战北极。他发明了不至于被冬季厚冰层挤压爆裂的尖底船，带着充足的给养、书籍、雪橇犬，甚至是一支完整的乐队、教堂和牧师。他信心满满，一年之内一定能到达北极。英国人希望加入他的团队，他骄傲地拒绝："荣誉只属于挪威，谢绝异国人参加。"

只是多辉煌的开头，往往等待着多仓促的结局。南森预算了一切，却忽略了一个致命的数据——洋流。横向的洋流会让他和北极永远隔着一个偏角，他们的船永远到达不了终点。

也许是根植于民族和血液里的冒险精神，一种义无反顾的信念，像一个巨大而无形的图腾在召唤，他没有选择带着足够的给养返航，而是和大副一起，带着26条雪橇犬，毅然下船步行到北极。这一次，他们迷失在了壁立千仞的冰川里……雪橇犬、海象、海豹都是他们的食物，甚至射杀北极熊充饥……他们从1893年出发，直到1896年春天才获救，施以援手者恰恰是那个曾经被他拒绝的英国人。

我想，人类之所以为"万物灵长"，一定有一些伟大的灵魂，一些最初的人性光辉。它有时是徒步北极，不惧苦难的果敢；有时是"拂剑朝天去"的潇洒，"横戈探虎穴"的梦想；有时是"看试手，补天裂"的豪情，有时是"少小去乡邑，扬声沙漠垂"的抱负。他们不计投入，不问后果，只为一段生命漂亮的挥洒，一个坚定宏大的信念。

朱熹曾释义"止于至善"，"止"为"必止于是而不迁"。就是一定要达到这个境界而不再改变。"至善"是一种矢志不迁的信念，是人之所以为人，英雄之所以成为英雄的道理，是鼓舞人们默契向前走的永恒动力。

去行走吧，看不同的天地，听不同的声音，读懂不同的坚持和信念，与伟大的灵魂相遇，也与更辽阔的自己相遇。

明　沈周　《落花诗意图》

　　《礼记·大学》开篇即说:"大学之道,在明明德,在亲民,在止于至善。"这里的"大学"是针对"小学"而言的,"小学"即礼、乐、射、御、书、数,属于"艺"的层面,即"六艺";而"大学"是修身之学,是让人做到道德上的完美的境界,属于"道"的层面。朱熹把"止于至善"的"止"释为"必止于是而不迁",说的就是一种咬定青山不放松的信念。信念是一种神秘的力量,它让我们在历经沧桑和苦难后仍能沐浴温暖,仍能怀抱梦想,在一次次跌倒后,慢慢爬起,而所有的泰山压顶、黑云罩城,终将土崩瓦解。

心不乱，世界就不乱

有位哲学家终日冥思苦想，研究一个哲学问题：人和世界的关系到底是什么？是人终将改造世界，还是世界绑架了人？

问题很深奥，他百思不得其解。一天，他在书房伏案写作，小儿子旁边闹腾。手边有本旧杂志，封底是一张世界地图。哲学家就把世界地图撕成了碎片，再拿一卷透明胶带，让小儿子到隔壁房间，告诉他：什么时候你把地图都拼好了，粘对了，我就给你五块钱。没想到十多分钟，小儿子就拎着一张破破烂烂的地图回来，全粘好了。他很惊讶："地图撕得那么碎，你哪能这么快就全粘好了呢？"小儿子说："这个地图的背面是一个人的头像。你要看地图那面，哪座山挨着哪座海，哪个洋接着哪个洲，是挺难的。可是，我知道人长什么样啊。所以，我把纸翻过来，按照鼻子、眼睛的顺序粘好。"——原来，只要人像是完整的，他背后的世界必定是完整的。

童言无忌，总是带着天机，耐人参悟。地震海啸，经济低迷，信仰迷失，时局危困……太多的风云变幻，就像世界的碎片起伏缤纷。但是，你会真正地乱掉吗？翻到世界的背面，找到属于自己的完整。只要人心不乱，世界就不会乱。

人心是我们与世界对话的逻辑起点。抱怨世界给我们太多羞辱委屈的时候，也许是我们的内心不够强大。迷失于世界的纷乱时，往往是我们的定力不够。即便世界不够好，我们的心也要准备好。

这是一个令人迷惑的时代。一个"惑"字，上"或"下"心"。或此或彼，是客观选项；一颗心是主观判断。客观选项如果把心压垮了，就会陷入深深迷惑。主观的心如果能托举客观选项，便是不惑。这就是人心和世界的关系，跟世界合一，你就清明；跟世界分离，你就迷乱。

老子说："道生一，一生二，二生三，三生万物。"《周易》又说："一阴一阳之谓道。"有了阴阳之二才能生出万物之三，即天地人。万事万物发生了，扰人耳目，乱人心神，只有明白"万物负阴而抱阳，冲气以为和"的道理，人心方能归一。

比如住宅。中国地处北半球，背靠蒙古高原和西伯利亚，最好的房子坐北朝南。后山墙足够坚硬厚实，以挡寒风；朝南的玻璃窗足够通透，以进暖阳。所谓"万物负阴而抱阳"。心房亦如此。**当你看清上北下南，体察明暗阴阳，筑起一间坐北朝南的房子，将世界上的阴霾阴气、阴险，所有阴暗的能量，用你强大的脊梁扛出去，只怀抱一片温柔，让暖阳入心。**

心不乱，世界就在你手中。

明　仇英　《玉洞仙源图》

水静犹明，而况精神！圣人之心静乎！天地之鉴也，万物之镜也。

——《庄子·天道》

　　天地万物是可以映照在我们心中的，但前提是我们的心要安静，水流不就是如此吗？当小溪拍打岩石，浪花拍打沙滩时，它就无法澄澈。如果一个人心里有太多的欲望，或是过分在意别人，这颗心就会像喧嚣的小溪碎沫和澎湃的大海浪花，鼓荡，躁动……以这样的心去面对世界，只能看见世界的乱象。但如果我们的心不乱，能保持一种身心安顿的宁静，便能随时随地发现悠然的欢喜，感受世界最细微却也最确定的美好，看见最本真灿然的生命。

仁者不忧

子贡问孔子:"有什么是我们终身都应该坚持的?"孔子回答:"其'恕'乎?己所不欲,勿施于人。"如果有,大概是"恕"吧,所谓"己所不欲,勿施于人"。就是自个儿不愿意的事,就不要强迫别人。再进一步,假如他人给你造成伤害,也尽量宽容。宽容别人,也是给自己一片海阔天空。

人生难免遗憾,唯"恕"可以释然。首先,在最短的时间内接受下来。不纠缠于痛苦,不一遍遍地问天问地,更不要将这种痛苦的体验强加于人。比如一个人在星期一莫名其妙地遭了一顿暴打,他星期二就开始向各个朋友复述这件事,到星期三的时候,他已经郁闷得不想出去见人了,到星期四的时候,开始找碴儿跟家人吵架了……这就意味着你每复述一遍,就像又被打了一顿;意味着事情过去之后,你每天还在继续挨打。当一个不幸降临了,最好的办法,就是让它尽快过去,这样你才会腾出更多的时间去做更有价值的事情,你才会活得更有效率,更有好心情。

其次,承认现实生活中的不足,接纳就是修复的开始。弥补不足的一个有效办法就是自信心的回归,而修复自信来自内心的淡定与坦然,看轻身外之物的得与失,不是一件容易的事情,不经大事磨砺,不能历练出大勇敢。

　　孔子说："仁者不忧。"如果你的心很敞亮，很仁厚，你有一种坦率和勇敢，那么你可能会收获许多意想不到的美好。这种心境和胸怀，既可以弥补你先天的遗憾，也可以弥补你后天的过失。**真正的勇敢，能使你有定力，使你的生命饱满、充盈，有一种大欢欣，发挥最大的人生效率，每一天进行着新鲜的轮回，并且把这些新鲜的养分输送给他人。**

　　人的视力本有两种功能：一个是向外去，无限宽广地拓展世界；另一个是向内来，无限深刻地发现内心。我们的眼睛，总是看外界太多，看心灵太少。在生活中，每个人都有可能遭遇失业，婚变，朋友背叛，亲人离去……这些对你是大事还是小事，没有客观标准。如同划个一寸长的口子，算大伤还是小伤？一个娇滴滴的小姑娘，她能邪乎一星期；一个粗拉拉的小伙子，他可能从受伤到痊愈，一直都没发现。

　　我们的内心究竟是娇滴滴的"小姑娘"，还是粗拉拉的"小伙子"？你自己决定。

北宋　李公麟　《静听松风图》

  子曰："君子道者三，我无能焉：仁者不忧，知者不惑，勇者不惧。"（《论语·宪问》）一个真君子做到了内心的仁、智、勇，从而就少了忧、惑、惧，自然就减少了对外界的抱怨和指责，也就增强了把握幸福的能力，这正是学习的终极目的。孔子在这里指出的做人标准，不是苛责外在世界，而是把有限的时间、精力，用来重建内心。

四

有不为斋

台北阳明山脚下，有一所中西合璧的小宅子，宅子的主人实在是一位有趣的人。

他博古通今，学贯中西，能用文言写小说，更能用英文写传记……你以为他会"五谷不分，四体不勤"？从小学到大学，短跑、跳高……他一路保持着学校体育的最高纪录。你又判断"文艺的脑袋装不下科学的逻辑"？他还发明了中英文两用打字机，甚至给女儿设计了一款新型牙刷——里面带着牙膏。

他一辈子活色生香。从福建走出，到北京、上海，美国的哈佛，德国的莱比锡，然后，他选择归来。在他的故乡，开出一处书斋。他说：看书最舒服的姿势就是躺着，而躺着最舒服就是拿着烟斗。于是，他的照片就总是举着烟斗、躺在床上、看书……自在逍遥，令人神往。

他在世界上，用自己的生命作为容器，完成了学问的化合反应。他是林语堂，他的书斋叫作"有不为斋"。有不为方能有所为。林先生说："我们已经在这尘世上活下去，就必须把哲学由天堂带到地上来！"这种"地上"的哲学，便是"半玩世"。智慧的人绝不过于劳碌，要善于优游岁月，忙里偷闲，一半有名，一半无名，"动""静"和谐，"苦""乐"参半。

清　恽寿平　《桂花紫薇图》

世界无限广阔，诱惑永无止境。然而，属于每个人的现实可能性终究有限。所谓"有所为而有所不为"。我们既要保持鲜亮的质地，信任梦想的力量，也要懂得在求索海洋中抛下自己的锚，发现自己的领域。因此，"不失其所者久"。**顺应自我的天性，找到真爱的事业，尽心做得美好。不但有足够的勇气去承受内心的压力，更有充分的清醒来拒绝世界的诱惑。于是，在这广漠苍凉的人间，我们就有了一座"归去来兮"的家园。**

"能闲世人之所忙者，方能忙世人之所闲。"因了有所不为，林语堂先生才能在中西文化的根性上，触摸到了最深。恰如他自己所言："两脚踏中西文化，一心评宇宙文章"，他的触摸带着生命的温度，我一闭眼，就能看到他的微笑。

人生苦短，世事茫茫。能成大事者，贵在目标与行为的选择。如果事无巨细，事必躬亲，必然陷入忙碌之中，成为无所作为之人。所以，一定要舍弃一些事不做，然后才能成就大事。所以，《孟子·离娄下》中说："人有不为也，而后可以有为。"

五

柔软的禅心

日本曹洞宗的开宗祖师道元,传说他航海到中国来求禅,"山僧经丛林不多,等开见于天童先师,认得眼横鼻直而空手还乡,无何佛法。朝朝日东上,夜夜日西沉。鸡鸣五更晓,三年逢一周"。只身而来,空手而归,所求之禅,不过一颗柔软心。

这颗柔软的禅心,并非中国禅所独有,而是人人心中本具。只是,若不经过千难万险,波诡云谲,道元本具的这颗柔软心就得不到启发。这样的一颗心,是刚强不屈,也是柔软随顺。

曾经看过一个很有意思的概念——"符号性愤怒",即是说一个人经常会没什么理由就愤怒,好像愤怒代表着一种话语权,于是拿愤怒当名片、当符号,说明自己很重要。

这种"符号性愤怒"在有权有势者那里,最常见到。这不奇怪,因为得到的东西越多,他的自我边界就越大,也越容易被激怒。另一方面,不少普通人,自我边界并不大,也容易一触即怒,这是为什么呢?那是他的边界过于刚硬,绷得太紧。

心绷得太紧,就容易愤怒。如果给自己一份松弛的柔软,对看不顺眼的事,也抱同情之理解与包容,做到"内敬",那么你自然就能"外恭"。当你不再那么愤怒,你跟他人之间也就宽和了。

人的内心要有两种东西：坚强的意志和柔软的心灵，分别来自大脑和心灵。大脑层面是意志、理性和分析，是现实主义的认同；心灵层面则是柔软、美和爱，是理想主义的悲悯。如果光用脑子不用心灵，生命会由于过分务实而很可悲；只有心灵而没有脑子，生活会因为过于浪漫而很可笑。好的生活是大脑跟心灵并重，刚柔并济，形神兼备。

孔子又说："恭则不侮。"把自己的心灵放下来，保持柔软的弹性，对他人和世界，抱有一份悲悯，抱有一份深刻的理解和认同。修得一颗柔软心，愤怒也就不战而退了。

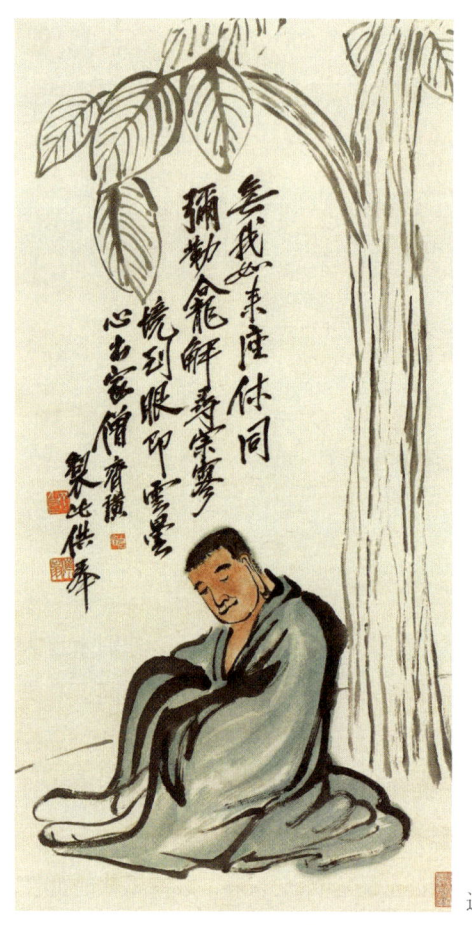

近现代　齐白石　《无量寿佛》

国学小站

人之生也柔弱，其死也坚强。草木之生也柔脆，其死也枯槁。故坚强者死之徒，柔弱者生之徒。是以兵强则灭，木强则折。强大处下，柔弱处上。

——《老子》第七十六章

人在活着的时候，身体是柔软的，死后就会变得僵硬。草木生时是柔脆的，死后就要干枯了。所以坚强与死是同类的，柔弱和生是同类的。所以用兵逞强必遭灭亡，树木粗壮必遭砍伐。凡强大反居下方，凡柔弱反而居上方。所以，"柔"才是道的本性，是天道的表现，是自然的真相，当然也是人生的大智慧。当岁月老去，坚硬的牙齿一颗颗脱落，可柔软的舌头却依然坚挺。这，就是柔软的力量。

六

人间有味是清欢

　　这个喧嚣而寂寞的世间，隐藏着许多珍宝。发现需要一种缘分，也需要一种睿智。谚语说：山坡上开满了鲜花，但在牛羊的眼里只是饲料。当今时代，究竟是鲜花少了，还是牛羊一般的目光太多了呢？

　　每个人都是一辆车，超速行驶也会出现追尾，导致车毁人亡。人的欲念不降下来，速度也就降不下来。你不加速，别人就会在后面催促你，超越你。大家都在抱怨不够快，时间便耗在路上了。

　　"**我们曾如此渴望命运的波澜，到最后才发现：人生最曼妙的风景，竟是内心的淡定与从容。我们曾如此期盼外界的认可，到最后才知道：世界是自己的，与他人毫无关系。我们曾如此计较付出的回报，到最后才懂得：一切得到终将失去，只能空留一抹浮名。**"杨绛先生辞世之后，这段话广为流传。

　　我还珍爱漫漫时空中的微末细小和转瞬即逝。叶子上挂着的水珠，花瓣的将残未残，一片流云，擦肩而过的陌生人展颜一笑，所有这一切，今生今世错过了就永不再来。

　　苏东坡有诗云："蓼茸蒿笋试春盘，人间有味是清欢。"何谓"清欢"？那是一种"清淡的欢愉"，一种对于疏淡简朴生活的热爱。当一个人可以浅尝山野菜香胜过了山珍海味，或者倾听林间鸟鸣胜过了拥有奇

近现代　齐白石　《垂钓》

珍异宝,又或者品味一壶清茶涤净了心灵的躁动不安……这些都是"清淡的欢愉"。

　　老子说:"为无为,事无事,味无味。"人要把"无事"当作一种事情去体会,以无为而达到无所不为;那么,人间至淡的味道,你也能品出它的真味与隽永。而"清淡"之"淡",一半是水,一半是火;一半是披荆斩棘,一半是急流勇退。水火本不相融,造字者巧妙地将二者放在一起,揭示了"淡"的真味:刚柔相济。月亏则圆,月圆则亏。人生的至境,不是一味的"进",更不是一味的"退",而是进退自如。

元丰七年十二月二十四日，从泗州刘倩叔游南山

细雨斜风作晓寒。淡烟疏柳媚晴滩。入淮清洛渐漫漫。

雪沫乳花浮午盏，蓼茸蒿笋试春盘。人间有味是清欢。

——苏东坡《浣溪沙》

  冬尽春萌，早上细雨斜风乍暖还寒，淡烟疏柳雾朦胧，河边突然阳光明媚、豁然开朗；从洛涧流出的清浅河水，进入淮河后逐渐变得迷漫迤逦。晌午时分在农家泡上一杯浮着雪沫乳花似的清茶，品尝山间特有的野菜，人间烟火的质朴之美满溢而出，虽日常、平淡却触动人心。我们平日用力生活，错过日出日落，错过花香鸟语，错过亲情温馨，归根到底，所求的无非也就是最质朴的烟火幸福罢了。能做到进退自如，体味平淡之美，温柔安放属于自己的时光，才能始终沐浴在隽永的真实与快乐中。

七

休息也是一种修行

有一年我去以色列，赶上犹太教的安息日。周五下午三点，太阳还明晃晃照着，所有商店都已关门。单位下班，学校下课，人们回家开始做饭，做完了就搁在那里。因为从五六点钟太阳落山，到第二天日落，全家人不得有任何劳动。安息日的手纸都是一张一张的，因为撕手纸也是劳动。安息日的电梯不能按，只能巴巴看着它，一层一层地停，因为按电梯也是劳动。

安息日的二十四小时，所有人只与三件事相关。

第一，与神相关。读犹太教的圣经《托拉》，读完之后再读其他与神、与知识相关的书，那是一个学习、思考的读书日。第二，与家人相关。这一天全家人都在一起，大家吃点冷食聊聊天，一起出去散散步，那是一个交流、沟通的家庭日。第三，与自己的灵魂相关。这一天大家都停下忙碌的脚步，想想自己一周内有何得何失，有什么好事坏事，那是一个与自己对话的反思日。

在勇往直前的道路上，知道止息，也是一种大智慧，一种修行。

《老子》说："大曰远，远曰逝，逝曰反。"说的就是世间万物，包括我们的生命历程，都在循环往复之中。一个生命有弹性的人，懂得把握，知道适可而止，才能找到灵魂的归途。

世界纷繁忙碌，所有人都被逼上了高速快车道，我们不敢休息，不屑休息，慢慢地忘记了休息的本质。我们把蒙头大睡当休息，把纵酒狂欢当休息，把走马观花当休息。休息已成为日常工作的议程之一，充斥着红尘俗浪的喧嚣。我们把休息当作对肉体的放纵和犒赏，与心灵无关。

　　心灵当然是重要的，除非否认人是万物的灵长。心灵的休息当然是重要的，除非否认信仰、艺术、沉思、独处带给我们的慰藉与充实。无论民族还是时代，如果放任其狂飙突进，如果没有诸多先贤大哲的止息与反思，都将陷入灾难。

　　人也是如此。《大学》开篇说道："知止而后有定，定而后能静，静而后能安，安而后能虑，虑而后能得。"这几个步骤多有意思，人要是永无止境地往前走，就不知定。人要是没有定力，心就不静。人心不静就求不得安稳。能够随遇而安了，然后才有思考力，才能处事精当，思虑周详；能够思虑周详，才能有所得，从而达到至善的境界。

　　先定、方静，次安、终得，说的都无非是心灵的节奏。

明　戴进　《月下泊舟图》

　　清代著名戏曲家、大文人李渔,在家乡浙江兰溪建了一座名曰"且停亭"的亭子,还为其拟了一副对联:名乎利乎道路奔波休碌碌,来者往者溪山清静且停停。人在名利道路上奔忙,到了这溪山清静中,何不停一停,让我们想想为什么出发,去向何方呢?为什么不在这亭子中喝一盏茶,养一会儿神,回味起点,感受风景?人生中的亭子自然不是一个具体的地方,而是你生命乐章中必须得有的休止符,它在,你的从容便在,你的初心便在,那么,赶路的你便不会走丢了。

有朋来

以文常会友
唯德自成邻

朋友信之

有没有经历过那种极度困顿、挣扎的不眠之夜？你翻遍了手机通讯录，却发现没有一个人，你真心信得过，打一个电话过去，他就一定愿意倾听。

"朋友信之"，此生可托。这是生命的奢侈。

嵇康，"轩轩如朝霞举"，"肃肃如松下风"，位居竹林七贤之首。他才高八斗，却也恃才傲物，疾恶如仇，拒不与司马氏合作。而他的朋友中，却有一个扛不住、出世做官的山涛。于是，嵇康洋洋洒洒，挥就《与山巨源绝交书》，公告天下。这篇绝交信，将山涛骂得酣畅淋漓："吾直性狭中，多所不堪，偶与足下相知耳"，"足下故不知之"。斩钉截铁地申明与山涛并不相知。"羞庖人之独割，引尸祝以自助。"恐怕您不好意思独自做官，要拉我充当助手，正像厨师羞于一个人做菜，要拉祭师来帮忙一样。

当然，举世鄙视山涛。而嵇康赢得了名节，却没保住性命。

临刑东市，嵇康飒飒落落，索琴弹一曲《广陵散》。生命还有什么遗憾？无非是带走了《广陵散》，一支名曲，于今绝矣。是年，三十九岁。嵇康带着千古绝响走远，留在世人心中，永远是那个目送归鸿、手挥五弦、俯仰自得、游心太玄的偶像。其实，嵇康死前也曾愁肠百转,放心不下。"我死了,未成年的儿子怎么办?"临终托孤,他想来想去,只有山涛。而山涛此时,正因嵇康而为世人诟骂,忍辱求生;他还会冒着生命危险,去保护自己的儿子吗?山涛的回答是:"诺。"

一诺千金。嵇康的儿子真的被山涛养大,出世为官。

嵇康能够走得如此潇洒,只因他在世上有一个信得过的朋友——山涛。**这就是中国人的伦理,不需要惊天动地,但可以辗转于心,恒久一生。一个"信"字,简简单单,金石有声。**

明　仇英　《竹林七贤图》

　　当今中国，很多人成功但不幸福，辉煌但不温暖。

　　这种烦恼与苍凉来自什么？正是伦理的挫败，是我们深心的孤独。中国社会是伦理社会，中国人的一生是伦理人生。伦理的挫败永远无法带来生命的安顿。

　　辛弃疾说："了却君王天下事，赢得身前身后名，可怜白发生。"一个人打拼了所有的荣誉和功勋，那些生命之中最该安顿的东西还在吗？他们的内心是否不断辗转：珍惜眼前人，不负如来不负卿。

　　"老者安之，朋友信之，少者怀之。"简简单单三句话，其实是无数中国人的人生理想。

世间最美的关系

朋友，是世间最美的一种关系。它让自我有价值，让彼此有情谊。情侣能以朋友处，就会多一些自由；亲子能以朋友待，便可少些隔膜；合作者能以朋友交，也将更多佳话。

世界上有三种好朋友，所谓"益者三友"：友直、友谅、友多闻。

第一，友直。这种朋友为人真诚，坦荡，刚正不阿，有一种朗朗人格，没有一丝谄媚之色。他可以在你怯懦的时候给你勇气，也可以在你犹豫不前的时候给你果决。

第二，友谅。《说文解字》说："谅，信也。"信，就是诚实。这种朋友为人诚恳，不作伪。与这样的朋友交往，我们内心是妥帖的，安稳的，我们的精神能得到一种净化和升华。

第三，友多闻。这种朋友见闻广博，用今天的话说就是知识面宽。结交一个多闻的朋友，就像拥有了一本厚厚的百科辞典，我们总能从中得到对自己有益的借鉴。

所以，益者三友，就是正直的朋友，诚实的朋友，博闻广识的朋友。

还有三种坏朋友，叫作友便辟，友善柔，友便佞。

友便辟，指的是喜欢谄媚逢迎，溜须拍马的人。这种人毫无正直诚实之心，没有是非原则。他们的原则就是让你高兴，以便从中得利。

第二种叫友善柔。这种人是典型的"两面派"。他们当着你的面，永远是和颜悦色，满面春风，恭维你，奉承你，就是孔子说的"巧言令色"。但是，在背后呢，会传播谣言，恶意诽谤。第三种叫友便佞。便佞，指的是言过其实、夸夸其谈的人，就是"光会耍嘴皮子"的人。

所以，损者三友，就是谄媚拍马的朋友，两面派的朋友，还有那些夸夸其谈的朋友。

但是，好人、坏人都不会写在脸上，怎样才能交到好朋友，而远离坏朋友呢？这需要两个前提：一是意愿，二是能力。要有仁爱之心，愿意与人亲近，有结交朋友的意愿；要有辨别能力，才能交到品质好的朋友。

感谢那些快乐的，能够享受生命的，安贫乐道的朋友，是他们打开了一个光彩友善的世界。

近代　黄宾虹　《花鸟图》

国学小站

"管鲍之交"在《列子·力命》《史记·管晏列传》都有记载。他们的友情,被誉为中国古代交友的最高境界。

公元前七世纪,春秋时期的政治家管仲和鲍叔牙是好朋友。两人一起做买卖,管仲不客气地拿大头,鲍叔不觉得他贪,因为知道管仲比自己穷。管仲在战场上当逃兵,鲍叔不认为他怯懦,因为知道他有老母在堂。管仲辅佐公子纠,成了阶下之囚。鲍叔辅佐公子小白,是为齐桓公。鲍叔极力举荐,管仲以此当上齐国国相,地位比鲍叔高。鲍叔并不介怀,甘心为其助手。管仲由此感叹说:"生我者父母,知我者鲍叔。"

说话与听音

《菜根谭》有言:"人解读有字书,不解读无字书;知弹有琴弦,不知弹无弦琴。以迹用不以神用,何以琴书佳趣?"真正默契的朋友,即使是同读无字书、共赏无弦琴,也能自得其乐、相视一笑。上下五千年,这般投合的缘分,令人神往。那么,如何在高山流水中,觅得知音呢?与朋友交,言谈很重要。

"言未及之而言,谓之躁。"(《论语·季氏》)话还没说到那儿,你就出来发表意见了,这叫毛毛躁躁。这不好。大家有大家的公共话题。一定要到众望所归,大家期待一个话题的时候,你再徐徐道来,这才是合适的。

女性朋友聚会时,有的人上来就会说我男朋友怎么样,我的孩子怎么样,等等。这些当然都是她们特别想说的话题,但这些话题大家是不是一定关心呢?也就是说,她们说话的时候,无形中剥夺了其他人的话语权。在"言未及之"的时候跳出来说话是不好的。

还有另外一个极端,"言及之而不言"。孔子称这个毛病为"隐"。话题已经说到这儿了,你应该自然而然地往下说,可你却吞吞吐吐,遮遮掩掩,不跟大家说心里话。这种朋友会让人觉得彼此心里还存有隔膜。你干吗不说呢?是自我保护?还是故作矜持?还是要吊大家的胃口?

总而言之，该说的时候不说，也不好。

第三种情况，用孔子的话说就是"未见颜色而言，谓之瞽"，也就是"没眼色"。"瞽"字说得很严厉，就是一个人不看别人的脸色，上来就说话，这就叫"睁眼瞎"。你要注意了解对方，看看什么话能说，什么话不能说，这就是朋友之间的尊敬和顾忌。**每一个成年人都有他生命中的光荣与隐痛，真正的好朋友不要轻易去触及他的隐痛，这就需要你有眼色。**

还有，在给朋友提建议或忠告的时候，孔子也说道："忠告而善道之，不可则止，勿自辱也。"虽然你的出发点是好的，但也要把握分寸。不一定要做苦口良药，不一定要当头棒喝，你完全可以娓娓道来。这就叫"善道之"。如果这样还说不通，那就适可而止，不要等到人家不耐烦了，自取其辱。

所有的个体都是值得尊重的，朋友之间尤其要保留这种尊重。好好地说出你的忠告，尽你的一份责任，这就是好朋友了。

明　杜琼　《南别墅图卷》

　　陶渊明是田园诗创作的鼻祖，中国的隐逸之宗。《南史·隐逸传》记载，陶渊明自己不解音律，却蓄素琴一张，这张琴连弦都没有，就是那么一段木头。他每有会意，就抚弄这段木头，还弹得很投入，把自己内心的情感全都寄寓其中，有时弹着弹着就痛哭失声。而每每此时，那些真正懂得的朋友也会为之动容。陶渊明用这么一张无弦琴弹奏他心灵的音乐，和朋友们把酒言欢，然后说，"我醉欲眠卿可去"。我已经喝醉了，你们走吧。朋友们并不计较，就都走了，日后还是欢会如旧。

四

"放过"的善意

真正的善意,是不勉强自己,也不为难别人。只是太多的聪明人倒是不勉强自己,却总在不知不觉中为难别人。

一群人出游,一见良辰美景,兴之所至,便有人提议:念一首古诗吧。被鼓励的人说,很久都不念了,但为了不负春光,终于意气风发,作了一首七律。大家都觉得意境非常好,对得也很漂亮。这时,一定会有一位才子或才女在旁边叹气说:可惜"孤平"了,没觉得这两个字放在一起是不粘的吗,要不要把平仄倒一下?大伙儿一想,也对。可是看景儿的心情没了,念诗的人也再不开口。

有一种聪明叫作"眼里不揉沙"。他们从一样学问的背景,到一顿饭菜的手艺,一道泡茶的程序,都会很犀利地指出别人的错误。这种犀利很可能是有口无心,但气氛直转,余众难免尴尬:本是娱乐游戏,不过一个技术细节罢了,真的就那么重要吗?

如果心中时刻装有他人,愿意成全他人;愿意给人面子,给人台阶;愿意在适当的时候做一个林语堂所说的"总是受欢迎的傻子",有愿意放过的大善良,还会有当下这些微不足道的计较吗?

人能够放过,是一种大善良,也是佛家的三重山水。人在懵懂时,看山是山看水是水,可人一旦学问做到"不放过",那见的便全是格律,全是讲究，看山则不是山，看水则不是水。什么时候能到"看山还是山，看水还是水"之境界呢？大约就是给人台阶，给人面子，成人之美。彼时就是佛陀的境界了。

"己所不欲，勿施于人。"给人欢喜，给人方便，给人信心，可能也就是随口一句话，那么简单。

《论语》中孔子对季康子讲："临之以庄则敬，慈孝则忠，举善而教不能，则劝。"对于相同的事物，每个人的观点是不一样的，那是因为各人的立场与世界观不一样，所以我们不能硬性地把我们自己的观点和思想强加给任何一个人。尺归尺，寸归寸，不强加，不为难，能容人，能度己，才是大自在。可在现实生活中，我们总能轻易地找到一百个借口放过自己，却往往忘了哪怕找一个理由去放过别人。其实，为难别人有时源自偏见，有时也因为不自信。明代于谦曾写道："人生由来不满百，安得朝夕事隐忧。"放过自己是豁达，放过别人则是宽容。

近现代　齐白石　《秋佳》

只生欢喜不生愁

很早以前，看到过一句话，佛说："当世界无情时，我多情；当世界多情时，我欢喜。"那时一颗少年心满是困惑：如此沧桑炎凉的世事，果真可以怀有恒常的多情与欢喜吗？

多年以后，有幸结缘星云大师。

在宜兴大觉寺，坐下来吃第一餐饭，头道汤浓香雪白，入口鲜美得几乎呛住，舌根都软酥下来，我惊诧："师父，这是什么汤？"

大师微笑："无非几种菌子。"

"菌子怎么可能有这种味道？"

大师依旧微笑："我们出家人，不用煎炒烹炸，也不用浓油赤酱，我们有的是时间，肯用心思花时间清水慢煮，调出食材本来的香味就好。像这道菌汤，从昨天晚上就在煨，每一种菌子不同时间投下去，最后出锅时放一把研碎的白芝麻。"

那一刻，禅意缭绕，唇齿萦香，平日里在油炸快餐和味精辣椒里日渐粗犷的味蕾一点点复苏了细腻。恍然。

饭后去散步，大觉寺外云湖边，翠竹成林，郁郁草木里，蚊子敏捷穿梭，从手上脚上一掠而过，红红痒痒的包连成一片。我忿忿向大师嗔怨："这里的蚊子真是欺生，我刚刚到就被咬成这样，你们本地人都不挨咬！"

大师又微笑："南方蚊子嘛，没见过太大世面，忽然有机会尝尝北方人的血，很欢喜，你权当结缘。"

到了台湾高雄，大师邀我到佛光山，我说难得机缘，请教师父说法，大师说好呀，带你去个地方。沿着一片片蓬勃的菜地往前走，曲径通向处毫无幽静，一大间铁丝房子中十几只大红鹦鹉上下翻飞，像一团团活色生香的嘹亮火苗。大师引我坐在一架秋千上，抱过两只憨态可掬的小香猪，分一只在我手里，开始聊天。大师远远近近指一指："这里就是佛光山的植物园和动物园。"白白胖胖的小猪在我怀里一拱两拱，那一刻，心里豁然天真。

大师讲过一个故事：

小沙弥请教师父："怎样才是参禅的方法？"

师父道："吃饭睡觉。"

小沙弥不屑："谁不吃饭？谁不睡觉？这怎么算得参禅！"

师父道："是啊，**人人吃饭，大多挑肥拣瘦，吃不痛快；人人睡觉，大多失眠做梦，睡不安稳。**你如果饭吃得好，觉睡得好，已经在参禅了。"

"神仙无别法，只生欢喜不生愁。"在我的记忆中，没有听见大师说过一句关于世事的结论，只是衣食住行动物植物间的一段段欢喜，不经意拈出来，信手一放，就落在心里。

想到少年时不懂的那句话，原来烂漫多情，娑婆欢喜，都在滚滚红尘。愿意用心，就能遇见。

明人王世懋在《苏幕遮·夏景题茶》中写道："一片金波谁得似？半入松风，半入丁香味。"喝茶是一件急不得的事情，慢慢喝，才能一会儿喝出松风扫过茶芽的余韵，一会儿喝出丁香隐隐的芳香。清人张潮在《幽梦影》中也写道："能闲世人之所忙者，方能忙世人之所闲。"万物皆有灵气，万事皆有欢喜，你只需要慢下来，愿意等待一朵花开的时间，感受一片云霞的舒卷；愿意不妄然追赶，用心去发现一种生活方式，发现生命的质量，你便能自然而然地感知这世界的多情与欢喜。

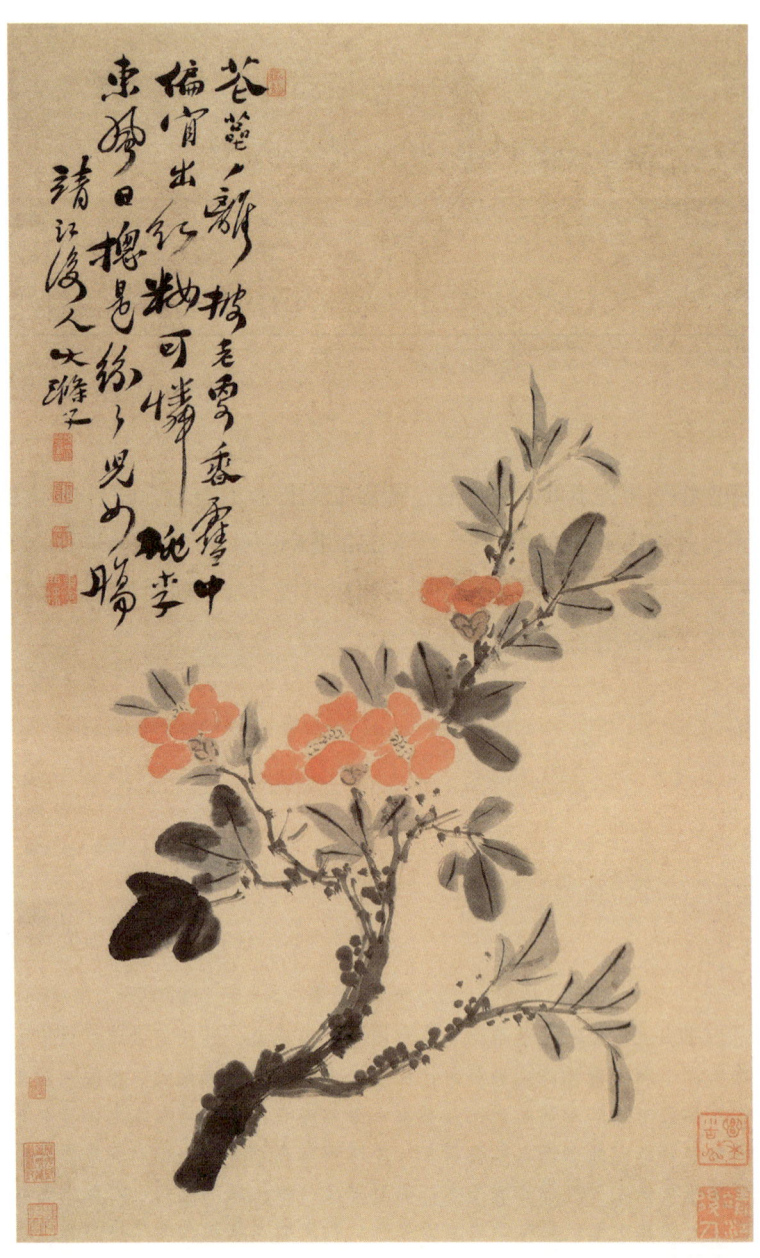

清　石涛　《山茶图》

六 茶中浮沉多少事

喝茶只是一件朴素的事。

一个"茶"字，象形又会意——人在草木之间，清茶一盏，如坐山林，如归草木，宁静中找回自我。茶，没有酒之烈，没有糖之甘，没有药之苦，只为平和、安详、纯然。喝茶只有两个动作：拿起，放下。而茶叶只有两种姿态：浮与沉。刚冲入开水，茶叶还漂浮着，是难以启齿的。静待茶叶沉潜下去，清香方能入口。**人生也是一样，学一个拿起、放下，学一个沉潜下去，再学一个世事沉浮间，怎样将自己一点点、从容不迫地婉转释放。**

一杯好茶，水温很重要。武夷岩茶，需要一百度的开水；陈年普洱，事先得将茶叫醒；金骏眉则见不得开水，很容易就烫死了。人生如茶，品茶亦是品人生。别求大幕初开，就轰轰烈烈，浓酽香甜；没有后劲的人生是无趣的，次第舒展，缓缓释放，清幽缭绕，茶的一生如同人的历练。

唐代大诗人卢仝，世人尊称"茶仙"。一天，卢仝在家中睡觉，酣然之时，被一阵敲门声惊醒。开门一看，是好朋友孟谏议的新茶送到。卢仝迎进新茶，马上冲泡，细细体会茶中的妙趣，写出了后世传诵的好诗《走笔谢孟谏议寄新茶》，谓之：

一碗喉吻润，两碗破孤闷。
三碗搜枯肠，唯有文字五千卷。
四碗发轻汗，平生不平事，尽向毛孔散。
五碗肌骨清，六碗通仙灵。
七碗吃不得也，唯觉两腋习习清风生。
蓬莱山，在何处？玉川子乘此清风欲归去。

"一碗喉吻润"，第一碗茶喝进去，嘴巴喉咙都滋润了。想必酣然大睡后口干舌燥，醒来喝上口新茶，自然满口生津，满心滋润。

"两碗破孤闷"，第二碗开始喝出好情致。内心的孤单、烦闷，都在茶里融掉了。

"三碗搜枯肠，唯有文字五千卷"，第三碗喝得人头脑兴奋，想吟诗作赋了。搜肠刮肚，发现在茶水的涵养下，腹中舒开五千卷文字。

"四碗发轻汗，平生不平事，尽向毛孔散"，喝到第四碗，一生不平事都随着轻汗发散了。

五碗喝出了"肌骨清"，六碗喝出了"通仙灵"，简直要进入神仙境界。

宋元　钱选　《卢仝烹茶图》

绝妙的要算第七碗，"七碗吃不得也，唯觉两腋习习清风生"，到此不敢再喝了，因为腋下习习吹起了清风。"蓬莱山，在何处？玉川子乘此清风欲归去。""玉川子"是卢仝给自己起的号，此时他已超脱混沌世事，思慕蓬莱仙山，想凭借着茶的清气远远飞去。

喝出生命的简约空灵，喝出俗世中的神性，是中国古人喝茶的最高境界。

喝茶只是一件朴素的事。然而，滚滚红尘，只要手边有茶，即能解渴解俗，养身养心。

如此这般，有茶的日子便成了一段凡尘间的好时光。

国学小站

中国古典文化讲究一个"兴"字，即兴致、兴味。王羲之有一个儿子叫王徽之，字子猷。一年冬夜，突降大雪，他酣梦里苏醒，庭院中赏雪。美景不可辜负，饮酒咏诗，不亦乐乎。转念一想：要是好友戴安道也在，就更佳了。想到做到，子猷立刻叫伙计开船，寻访戴安道。山高水长，一夜未眠。终于来到戴家门前，他又折返船上："回家吧，不去了。"为什么？子猷回答："我本乘兴而来，兴尽而返，何必见戴。"

死生契阔，相见不如怀念。率性而为，便是风流。

七

流沙与天堂

有一个阿拉伯故事，两个朋友出门做生意，要经过广阔无垠的沙漠、石滩。有一天，两个人争执起来，一个人愤怒地打了另一个人。被打的人很郁闷，就在流沙上写了一行字："今天我的朋友打了我。"

两个人又继续往前走，到了深更半夜，暴风夹着流沙吹来。他的朋友先醒了便推他："咱俩赶紧逃生。"两人躲在一块大石头的后面，温暖安全。这个人拿出小刀，在石头上刻了一句话："今天我的朋友救了我。"

他的朋友很奇怪："为什么我打你的时候，你写在沙子上；叫了你一声，你却写在石头上呢？"

《菜根谭》有言："忘功不忘过，忘怨不忘恩。"人生在世，我们难免受到伤害，被伤害了需要宣泄一下，不过只能写在沙子上，因为风一过，流沙就平了。这些伤害就是能被遗忘的。但是，别人对你的好，要刻在石头上，让它永远留在心里。

在世上，有伤害，也有恩典，有天堂一般的日子，也有地狱一样的遭遇，关键在于你如何去面对。有些人用一生来深印仇恨，所以他很难得到幸福；也有些人的一生都用来铭刻幸福，所以他的生命充满感恩，人间也就处处是天堂了。

清　石涛　《山水图》

因此，天堂和地狱作为一种象征，其实都隐藏在你的生命里，就看你用什么样的方式表露出来。你有忠恕之心，能够忠于自己并善待他人，那么你行走于这世界之上，就会活得更自在，也会有更多的天堂一般的日子。反之，如果你怨恨、苛刻，将很难亲近天堂了。

"仁者爱人。"即善待他人。子曰："仁远乎哉？我欲仁，斯仁至矣。"(《论语·述而》)仁爱其实离我们并不远，当我们想要做到仁爱的时候，念头一动，仁爱就在我们心中了。

有学思

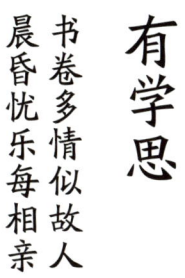

书卷多情似故人
晨昏忧乐每相亲

一诺千金

那时，我应该算得上"丑小鸭"，胖胖的初中女生，孤僻，平凡，数学不好，体育不行，只有语文这根救命稻草。而他，正是我的语文老师。他的四川话和他的烟瘾一样浓郁。不到四十，就已谢顶。个子小小的，谈吐却极有霸气。他喜欢古诗词，李太白、苏东坡……他捏着红色的玻璃烟嘴，念这些老乡们的诗词，让你恍惚听闻千年之前的古音雅韵。

每节课后，老师都会专门给我一沓材料："回去把这些念了，下回我考你。"

老师还请我到他家做客。走进阴暗的大杂院，直入窄门，一个优雅背影坐在小马扎上，一针针地缝被子。他说："这是我的学生。"优雅女子回头一笑，瞬间，只觉她是我见过最美的女子。我半张着嘴："师母怎么这样美？"他一笑，翻出过去的照片："我年轻的时候也很帅。"果然是一对璧人，岁月就这样蹉跎了。

老师说："我之所以带你到家里来，是希望给你看一样东西。"于是，我看到贴着墙一溜儿，中药铺里一样的小柜子。一个一个抽屉拉开：中间插一根棍子，串起一叠叠卡片。红色圆珠笔写标题抬头，蓝色写正文。他说："这叫作学习卡片，还有索引。"后来，我偶尔感叹：我的老师和父辈们，如果知道未来还有一种叫作"百度"的搜索引擎，他们究竟是高兴，还是失落？他们曾像为女儿缝制嫁衣一般，用心写出一串串漂亮的蝇头小楷，理出艺术品一样的卡片。

老师说："我最大的心愿，就是亲自培养一个中文系的大学生。"我才知道，这位落魄的才子，本来是北大的高材生，因为"文革"，被分到我们这所普通中学，一干就是十几年。三年后，在他的殷切盼望中，我考上另一所重点中学。而他，也因此没能亲手送我进入中文系。

他说的没错，我注定属于中文系。上了大学，我成绩好，人缘好，一夕之间，成了一个舒展、自信的好学生。一晃又三年，中文系开始报考研究生。那时，文艺学最热门，我志在必得。

然而，老师肺癌晚期，弥留之际。薄薄的被单下不见人形，只剩蜡黄蜡黄的头颅。师母告诉我："你说，他能听见，只是不能回答了。"

我能说什么呢？我说：老师，祝您早日康复。这是瞎话。我说：老师，我要做社会的栋梁。谁能承诺自己？我握着他枯瘦的手，静静地凝望：突然间，想起了李太白、苏东坡……想起了他留给我的一篇篇课外作业，想起了那间潮湿小屋里满墙的卡片……我傻傻地说："老师，我考古典文学的研究生。"

老师瘦骨嶙峋的手，突然紧紧抓住我。浓浓的痰音，挤出一个字：

"好。"这是他留在世上的最后一个字。

七年前,为了我的前程,老师选择了放开,也放弃了亲手培养一个中文系大学生的夙愿。七年后,为了老师的安宁,我决定去替他实现一个梦想。

每个人总有些不可救药的渴望,多少人用尽毕生的努力去成全,全部的希望去托付。那些看似某一时刻偶然地改弦更张,顺着这些成全与托付,往往能寻得抵达到今天的必然。

清　恽寿平　《花卉图》

李白《长干行》中有一句诗："常存抱柱信，岂上望夫台。"如果你像尾生抱柱般坚守信约，我就怎么也不会登上望夫台。诗人引用了"抱柱信""望夫台"两个典故来形容男女的爱情忠贞、至死不渝。"尾生与女子期于梁下，女子不来，水至不去，抱梁柱而死。"（《庄子·盗跖》）尾生自然是因为对爱情忠贞，却也是为坚守承诺而死。诚如孔子所说："人而无信，不知其可也。"信誉是每个人无形的通行证。制度不断更迭，环境不断变化，但是，人性中一定有一些以不变应万变的核心价值传承下来，这才是真正的火种。

姥姥的私塾

我出生的时候是一个夏天，据说妈妈从妇产医院带我回家的时候还不会抱孩子，用一方藕荷色的纱巾兜着我，叼着两个角，拎着两个角，把一个七斤半的大胖丫头放在姥姥的手上。从那一天起，我几乎从没有离开过姥姥。爸爸、妈妈、舅舅都下放了，而我在府右街九号的那个四合院里，跟着我的姥姥，走过整个童年。

我生命中最早的诗意，与那个院子相关，即使它在这个世界上无影无踪了，也还是固执地把青砖灰瓦和红艳艳的石榴花留在我的梦境里。一闭眼，我就会看见它。

海棠飞花时节，满地都是扑簌而下的浅粉色碎花瓣儿，穿着月白色偏襟大褂和黑府绸裤子的姥姥，用大蒲扇替我拍打着蚊子，教我背"无可奈何花落去，似曾相识燕归来。小园香径独徘徊……"

小园香径，一侧长着大枣树和挂满榆钱儿的大榆树；另一侧是海棠，还有飘着芬芳的香椿。姥姥在一溜北房下排开几盆硕大的石榴树，那些鲜红烂漫的石榴花瓣儿撒下来，落在一种白天开小粉花的植物上，到夜里，细碎的小花瓣儿乖乖合上，姥姥说它的名字就叫"明开夜合"。

小园香径，那里不是我少女时的徘徊，而是我幼年时的蹒跚学步，我稚嫩的诗意明开夜合，就驻守在这座院落里。院子的对面就是中南海的高高红墙,"文革"时半夜里经常锣鼓喧天,喇叭齐鸣,不是迎接最新指示,就是批斗游行。姥姥总是把院门用木插销横着别住,不敢让我上幼儿园,也不敢让我出去玩儿,我跳的皮筋永远是一头拴在枣树上,另一头拴在香椿树上。我进屋吃饭的时候,皮筋就兀自寂寞,在风里一颤一颤地微微跳动。

而寂寞,恰恰是诗意的老家。有谁见过真正的诗意是从纷纷攘攘的喧嚣中飘散出来的呢?热闹拥挤之间,诗意舒展不开薄如蝉翼的翅膀。

幸亏姥姥在院子里种了那么多花,密密匝匝跌宕下来,林木扶摇。相比于明开夜合这种精致的小花小草,我从小更爱海棠树上木本的花枝。小小的我拘束在家里,可是高高的花枝探出了院墙,我随着那一树蓬勃峥嵘把目光探望出去,岁岁春来,飞花逐梦。大概八岁,忘了从哪本诗集里读到李商隐的《天涯》:

春日在天涯,天涯日又斜。
莺啼如有泪,为湿最高花。

寥寥二十个字的一首绝句,我似懂非懂的,心里空落落地就难受起来，忽忽悠悠，无处安置。那时候还不懂相思，但是懂得别离，因为妈妈不在身边；那时候也不明白天涯，但是知道远方，因为爸爸就在远方。一个那么喧哗又那么寂寥的时代里，玉谿生让我遇见了诗意的多情，让我第一次体会到：辗转于伤情，也是可以沉湎的事。

从此，我受了李商隐的伤，上了李商隐的瘾。读着他的悼亡诗，根本不知道背景，字面极浅，用意极深。

<blockquote>
荷叶生时春恨生，荷叶枯时秋恨成。
深知身在情长在，怅望江头江水声。
</blockquote>

小小的我无端就含着泪，想不明白一个人的生命究竟可以有多少深情，随着四季荣枯，死而后已。

最是一篇《锦瑟》解人难。我还记得那个冬天，我穿着紫红色灯芯绒小棉袄，举着这首绝美也是绝难的诗问姥姥，姥姥拆开一张暗灰色的烟盒纸，用齐整整的小楷抄下来，从右到左，竖行排列。究竟是庄生一霎迷了蝴蝶梦幻，还是蝴蝶翩飞化成了庄周？究竟是子规啼血含情带恨，还是遍山杜鹃染就了嫣红的不甘？沧海深处，鲛人珠泪熠熠生辉；晴空暖日，蓝田软玉袅袅生烟……姥姥似乎没给我讲明白太多典故，她只是纵容着我不知所起的深情与感伤，迷恋只是迷恋而已，甚至与懂得无关。

更不必说那千古之前的"昨夜星辰昨夜风"，那清晰一瞬的"月斜楼上五更钟"，那春蚕的丝，与蜡炬的泪，怎么也织不完，怎么也流不干。在故事的踪迹里逡巡，探问着"贾氏窥帘韩掾少，宓妃留枕魏王才"；在天心的明灭中凝神，揣摩着"嫦娥应悔偷灵药，碧海青天夜夜心"。"春心莫共花争发，一寸相思一寸灰""直道相思了无益，未妨惆怅是清狂"，这样的决绝无悔，不计一切的任性，纵使不懂，也深深地影响了我的一生。

直到有一天，妈妈单位的领导，一位姓张的叔叔，到家里来，和蔼地摸着我的刷子辫问："听说毛毛跟着姥姥读过不少诗啊？最喜欢谁的呢？"

我鬼使神差一般，答："李商隐。"

张叔叔的笑容瞬时收了，脸色沉郁得一如眼镜上宽宽的黑框，道："这可不健康啊！小小年纪的孩子，为什么不喜欢李白、杜甫呢？"

我求助般地看着姥姥，姥姥站在一边，神情洒落安宁，不接话，也不分辩，尽管她教我背的李白、杜甫的诗比李商隐的诗多得多。

似乎就是从那一天起，我明白了读诗爱诗只是自己的事情，泪水是自己的，笑容也是自己的，用不着争辩，用不着证明，诗中本也没有那么多后人附会的是与非。

在十来岁的年纪上，我剑走偏锋地排斥所有的现实主义，对中国诗词全部的趣味都倾注在了浪漫无极的飞扬上。所以我深爱的李太白，是那个"长剑一杯酒，男儿方寸心"的侠客，是那个"我且为君捶碎黄鹤楼，君亦为吾倒却鹦鹉洲"的狂生，是那个"感君恩重许君命，泰山一掷轻鸿毛"的义士，更是那个"且就洞庭赊月色，将船买酒白云边"的谪仙。

生长在北京的孩子，从小的遗憾是缺失故乡鲜明的风物，而诗词，恰恰成为我的乡土。

我的姥姥，用她那一座繁花锦绣的院落做成私塾，攒一把流光从诗意中穿过。她确乎没有给我讲过太多的训诂典实，她所做过的最好的事，就是纵容了我对诗意的盲目沉迷，从来也没有用标准答案的是非破坏过我对这份原始信仰的热情。

那座飞花逐梦的院子拆了，院子里种花讲诗的姥姥也走了，可是

诗意流淌在我的血管中。年华渐长,我凭着诗意的本能,在人群中清晰辨认出自己——一个在乡土中念过私塾的孩子。

近代　陈少梅　《庭院仕女》

国学小站

  春秋时期,孔子在家乡曲阜开办私学,通常认为,孔子是第一个有名的私塾老师。追根溯源,私塾是从更早的"塾"发展过来的。西周时期,塾只是乡学中的一种形式。《学记》追述西周的学制说:"古之教者,家有塾、党有庠、术有序、国有学。"所以当时是学在官府,官师合一的。后来,汉武帝实行"罢黜百家、独尊儒术"的文教政策,以传递儒家文化为己任的私塾从此在社会上站住了脚跟。

  所以,私塾总与传统文化相关,与国学相关,带着缄默的温暖,流淌在每一个中国书生的血液里。

向野生动物学习

有一年，我来到肯尼亚的马赛马拉大草原。几天下来，同行伙伴们都在聊：见识了大自然的弱肉强食，有什么感悟？我的心得是：向野生动物学习，它们也许是我们的老师。

可不是么？我们想看狮子，当地司机老乔治"哗"的一打方向盘，开车跟着秃鹫跑。老乔治说："天上吃的，地下剩的。有秃鹫就有土狼，有土狼，狮子就不远了。"果然，跟了几里路，我们看到一堆一堆的土狼，徘徊等待。再绕过一条小溪，狮子家族赫然在目，正在开膛破肚，撕扯一头河马的尸体。

向野生动物学习，生存是有秩序的。秃鹫吃土狼剩下的，土狼吃狮子剩下的，遵从自然界的食物链，谁也不会越级觅食。

公狮子雄壮健美；相比而言，母狮子就朴素多了，和我们人类正好相反。

雄狮子的美，是为了完成两个使命，狩猎和繁殖。而雌狮子的任务是养护幼崽，维持家庭。朴素点，安全。

向野生动物学习：各司其职，简单点好。人们常说：食色性也。动物的"食"但求充饥，"性"也只为繁殖，剩下的时光都是休息，享受阳光。倒是人类，千方百计给"食""色"锦上添花，又为其所苦。

向野生动物学习,归根结底,戒之在"贪"。人之"食"贪,莫不是动用一切资源,让自己摆脱秩序,挤到前面,从而占有更多。人之"色"贪,也无非以"色"来寻求安全感,以"色"来证明存在感,期求留下更多。

夕阳西下,看狒狒跟斑马挠痒,瞪羚和犀牛赛跑,混居杂处,相亲相爱。

众生平等,秩序井然。

北宋　易元吉　《双猿图》

　　《庄子》中有一个非常著名的小故事——"子非鱼"。
　　庄子与惠子游于濠梁之上。庄子曰："儵鱼出游从容,是鱼之乐也。"惠子曰："子非鱼,安知鱼之乐?"庄子曰："子非我,安知我不知鱼之乐?"惠子曰："我非子,固不知子矣;子固非鱼也,子之不知鱼之乐,全矣。"庄子曰："请循其本。子曰'汝安知鱼乐'云者,既已知吾知之而问我。我知之濠上也。"
　　鱼有鱼的欢乐,人有人的悲伤。既可以同感,又无法替代。惠子与庄子,一力辩,一巧辩;一求真,一尚美;一拘泥,一超然;读来会心一笑而沉思良久。

四

此心光明，亦复何言

有一位先贤人格，令我高山仰止。

1472 年，王阳明出生在风雨飘摇的大明王朝中叶。之前是蒙族雄威的元朝，之后是满族奢华的大清。明朝只是汉民族的一个落寞而孤绝的背影。

王阳明原名王云。五岁时，祖父为他改名王守仁。"守仁"源于《论语》："知及之，仁不能守之，虽得之，必失之。"人生在世，智慧获取的一切，倘若没有仁爱的胸怀和坦荡的人格坚守，即使侥幸得到，也必将失去。

王守仁九岁时，父亲王华考中了新科状元。他随父上任，从浙江迁至南京。初入学堂，他问老师："什么是天下第一等事？"老师说："念书。然后科举，像你爸爸一样，考状元。"小守仁很狂："我以为不然。天下第一等事乃是做圣贤。"从此，他拼命读书，涉猎广泛，保持欢喜的蓬勃。远望金山寺，即兴口占："金山一点大如拳，打破维扬水底天。"15 岁，他试图武功救国，沉迷于兵法，只身出走居庸关、山海关。17 岁，他去江西娶亲，途经铁柱宫偶遇道士，习导引术。最终被岳父找回家，又拜师大儒，从此专注程朱理学。

所谓"格物致知"，"格物而后知至，知至而后意诚，意诚而后心正，心正而后身修，身修而后家齐，家齐而后国治，国治而后天下平。"简单说，通过考察事物，获得知识。最后实现"修身齐家平天下"的人生理想。这回，王守仁选中了父亲官署中的竹子。"格"了七天七夜，穷究物理，把自己格得大病一场，又转投佛老。

由此，王守仁养病在会稽，讲学阳明洞，自号阳明子，世称王阳明。王阳明二十多岁，已经打通儒、释、道、兵。然而，他连年落第，28岁才中。"世以不得第为耻，吾以不得第动心为耻。"一入侯门深似海，35岁那年，王守仁遭遇平生第一次流放——贵州修文县龙场驿。到达的时候，他已经37岁。

我多次寻访他悟道的龙场驿，流连他研读《易经》的玩易窝。巨大的山洞，四面积水。一个石凿的棺椁，就是他的私人财产。这里遍地毒蛇瘴气，常住少数民族语言不通。朝廷不理，朋友不帮，纯朴的少数民族接济了他。他端居澄默，明白了"吾性自足，不假外物"，也明白了"致知"只是致良知。一个人的心就是他的道理。"心外无物，心外无事，心外无理，心外无义，心外无善。"何谓"阳明心学"？那是厄运之中，一个人凭借信念的自我救赎。而一颗心逐渐养大，就足以涵盖整个宇宙。

学生曾问：老师，一朵花开在南山，跟你的心有什么关系呀？阳明先生回答："你未看此花时，此花与汝心同归于寂。你来看此花时，则此花颜色一时明白起来。"我们生于同一世界，而结论不同。原本，这世界的美与善，恨与仇，自在人心。

阳明先生内修心性，外定兵法。处江湖之远，他用文治传承。居庙堂之高，他以武功平定江山。流放归来，他一次次平叛，再用文明教化，收服人心。用自己瘦弱的肩膀，扛住了那个风雨飘摇的王朝。他说："区区剪除鼠窃，何足为异。若诸贤扫荡心腹之寇，以收廓清之功，此诚大丈夫不世之伟绩。"诚然，破山中贼容易，破心中贼尤难。他一次次被贬，却从未蹉跎。他说："知行合一。"有知识是行动的开始，是行动的主意。而有行动，是知识的结果，是知识的成就。

王阳明五十七岁时，死在江西南安的一条小船上。那个黎明，舟行靠岸，学生们泪眼相问：先生还有什么遗言？王守仁说了八个字："此心光明，亦复何言。"

无论世界的真相如何，用爱的激情和能力改变它。心有担当，便是圣贤。

近代　黄宾虹　《秋江垂钓图》

"心学"作为儒学的一门学派，最早可推溯自孟子，北宋程颢开其端，南宋陆九渊则大启其门径，与朱熹的理学分庭抗礼。至明朝，由王守仁首度提出"心学"两字，并提出其宗旨为"致良知"，至此心学开始有清晰而独立的学术脉络。阳明心学强调"心即是理"，即最高的道理不需外求，从自己心里即可得到。所以，心学最不同于其他儒学之处，就在于其强调生命活泼的性灵体验。

而王阳明本人就是一个热情好奇，忠于本心的人。他并没有生在一个多好的时代里，却把自己的生命准备得很好，用他的"身心之学，良心之教"，等待时代来选择他。

五

不如乐之

日升月落，春秋代序，世象冷暖，怎样才算走过一生？孔子说："十有五而志于学，三十而立，四十而不惑，五十而知天命，六十而耳顺，七十而从心所欲不逾矩。"

"十有五而志于学。"现代教育讲究启蒙、早教，好多人四五岁就开始学习了。在心为志。可是，有几个人觉得：在我们的学习之中，有这一生的自我实现，有真正的爱好与快乐呢？心灵的主动性何时被剥夺了？

现在，我们对知识体系的进入比古时候提早很多，而对于自我生命价值的开发却比古时候要晚很多。爸爸妈妈、爷爷奶奶、校长老师……有太多的人要求为我们负责。而一个人面对自我生命的责任，却会被这种过度呵护而剥夺。

什么才是学习最好的状态？在孔子那里，不管求学还是在职，开始就预示了未来。"知之者"是入门初阶，比"知之"更好的境界是"好之者"。你有爱好，愿意投入，把所有的心血花在其中。然而，爱好也就是传统劳模的境界，会让一个人忍辱负重去完成他的目标。那么，"乐之"又会怎么样呢？它会让你举重若轻。

若论"乐之"，渊明为佳。首先，佳在读书的时节。"既耕亦已种，时还读我书。"(《读山海经》)读书安排在"开荒南野际,守拙归园田"的农余。肢体稍觉疲劳,头脑正好灵活。此时坐下,便是享受。其次,妙在读书的环境。"坐止高荫下,步止荜门里。"(《止酒》)静坐庐室,绿荫环绕,心远地偏,宜于开卷。还有,喜在读书的内容。"泛览周王传,流观山海图。俯仰终宇宙,不乐复何如。"(《读山海经》)《周王传》《山海经》,简言之,都是文艺图书,古今神游,无益功名。又兼以"左琴右书",可谓性情恬淡,品位高雅。最后,乐在读书的感悟。"奇文共欣赏,疑义相与析。"(《移居》)读书读到心领神会,回车相顾,恰有故友分享心得。"独与天地精神往来","不乐复何如"?

及至以后,无数个日日夜夜的阅读,所学调动了个人的全部兴趣,你的生命被它成全,你的优秀回过来又成全了你的所学。这便是"乐之"的境界。它是一种乐趣的调动,生命的发现,积极的愉悦,它不只在某个阶段性成果出现的时刻,它贯穿于整个学习工作的过程中。

正所谓:"知之者不如好之者,好之者不如乐之者。"

古圣先贤勤学好问的故事很多，一起回顾一下：

董仲舒三年不窥园。
西汉著名的思想家董仲舒专心攻读，孜孜不倦。他的书房后虽然有一个花园，但他专心致志读书学习，三年时间没有进园观赏一眼。

管宁割席分坐。
汉时，管宁与华歆二人为同窗好友。有一天，两人同席读书，有达官显贵乘车路过，管宁不受干扰，读书如故，而华歆却出门观看，羡慕不已。管宁见华歆与自己并非真正志同道合的朋友，便割席分坐。

蒲松龄草亭路问。
清代文学家蒲松龄在路边搭建茅草凉亭，记录过路行人所讲的故事，经过几十年如一日地辛勤搜集，加上自己废寝忘食的创作，终于完成了中国古代文学史上划时代的辉煌巨著《聊斋志异》。

東方有一士,被服常不完,三旬九遇食,十年著一冠。

清 石涛 《十年一冠》

六

煎熬也是一种成全

生活就像一锅滚开的沸水,不会因为垂青哪个人,就变成温泉。谁进入社会,都会受这一百摄氏度的煎熬。虽然人不能选择水温,但能够选择自己的生命质地,选择与水相遇的方式。

同样三锅滚开的沸水,分别往里放生鸡蛋、胡萝卜和干茶叶,盖上盖子,便会煎煮出三种完全不同的人生。

生鸡蛋原本是流动的、柔软的。煮熟后,剥了鸡蛋壳就会发现:蛋清变硬了。剥开蛋清,蛋黄也变硬了。在生活中,有些人被煮成了铁石心肠,不柔软,不慈悲,缺少同情心,容易以偏概全,他们就是被生活给煮硬了。

胡萝卜生的时候鲜鲜亮亮、有款有型,可煮上一段时间,就成了烂糊糊的一摊胡萝卜泥。生活里,同样有这样一些人,善良本分,随遇而安。在单位里服从领导的安排,在家里顺应孩子的前途,疲惫得忽略了自己心灵的梦想,这就是被生活煮软了的人。

除了变硬和变软,生命还能有第三种形态吗?

再看干茶叶,投入沸水之前,形状最难看,分量也最轻。而在沸水的煎熬下,那些干燥的、皱巴巴的叶子,变得滋润、丰美、舒展了。更重要的是,它在实现自我的同时,也将无色无味的水变成了浓香的

清　吴昌硕　《山花煮茶》

茶汤。这就是生命与世界相遇的最好方式。

人生如茶。富于建设性的生命,即使跟残酷的世界相遇,煎熬本身也可以变为成全。

《庄子·知北游》:"古之人外化而内不化,今之人内化而外不化。""外化而内不化",即面对外界应该通达、顺应;而自己的内心则应该坚持自己的秉性,不随波逐流。正所谓,生命应该有所坚持,而生存可以随遇而安。

七

把自己当自己

有一个人修禅访道，请示师父："一个人跟别人的关系到底怎么样才算合适啊？"师父和他说了四句话。

第一句话，"把自己当别人。"学生想了想：我明白，一个人有大欢喜，看淡一点，觉得这也无非是别人的一件事；有大悲伤，看轻一点，觉得这事别人也会赶上。"把自己当别人"，那么喜忧都能很快过去。

师父又说了第二句话："把别人当自己。"学生想了想：这意思大概是将心比心，推己及人，换位思考。

师父大笑："你很不错了。"便又说了第三句话："把别人当别人。"学生皱着眉：是不是说，每一个人都是独立的，每一个人都需要被尊重，所以一定要本着别人的立场出发？师父说："你的悟性很好。"

接着，师父又说出第四句话："把自己当自己。"学生呆坐半晌：这句话太深了，我还要好好去悟。

看似文字游戏，蕴含着很深的禅意。这些"自己"和"他人"的变换价值，就在于：每一次都换了不同的角度进行思考。一个矿泉水的瓶子，有人说它是长的，这是对的，因为从纵向看；有人说它是圆的，也是对的，因为从瓶底看。

清　沈宗骞　《溪山隐读图》

　　有时候，思路的转换实在是一种智慧。这是学问做到极致以后，才能获得的智慧，是一种权变。世界上，没有什么是绝对的对或错。对于一件事，一定要看时机，一定要看主体，一定要有前提。所以，很多事情需要在不同的角度上思考，才能解决。换一个角度看，结果也许就大不一样。

　　我们经常说"权宜之计"，就是变通一下，换个方法做，或者换个思路做。**一个人坚持容易，变通难。但是一定要先有坚持，如果没有坚持，直接就变通，那是随风倒，没有原则。坚持原则之后还能通权达变，就是一个很高的境界了。**

善

国学小站

在孔子看来，变通是一个很高的层次。他说："可与共学，未可与适道；可与适道，未可与立；可与立，未可与权。"（《论语·子罕》）

这里讲了四个层次：第一个层次叫作"可与共学"，有些人你是可以跟他一起去学习的。这几乎是个零门槛，很多人都想学习，那就一块儿学吧。再往上一个层次就难了，"未可与适道"，不一定每个人都能够找到那个道理。如果"可与适道"了，那再往上一个层次还是很难，"未可与立"，不见得都能立得起来，有所坚持，有所树立。

大家觉得，要是能有所树立，这个层次已经够高了吧？孔子说，就算这个人学问能立起来了，道理上都想明白，能做成了，还要再上一个层次，就更难了，叫"未可与权"。权，秤锤，引申为权衡轻重，也就是权变。可以在一起有所树立、有所成就的人，未必都能做到通权达变，这才是最高的境界啊。

有君子风

望之俨然
即之也温
听其言也厉

幸福不是生命的全部意义

幸福就是生命的全部意义吗？

有一年，我到柬埔寨大吴哥窟，寻访著名的"高棉的微笑"，却爱上塔普伦寺的角落里不起眼的"笑愁仙女"。这尊仙女像，左哭右笑两张脸，左跨一步是愁，右跨一步是喜，站在中间，则是喜忧参半。她的左边脸上明明有一种深深的、寂寞的、深入骨髓的哀愁，而她的右边脸上却始终笼罩着淡淡的、温柔的、慈悲隽永的欢喜。

夕阳披洒在沙砾上，有一种粗糙的温暖，小吴哥一片奇幻的金色……手指触摸上仙女像的瞬间，内心辽阔而安宁。笑愁仙女神秘莫测的表情，如同"八大山人"似哭还笑的签名，让我顿觉无比真实，这才是生命该有的模样。

我们一直在追求幸福，期待生活不着一丝哀愁，给予满满的笑意。稍有不顺，就苛责世界、埋怨他人。何时我们也能做一个能释然、懂接受，兀自绽放光芒的笑愁仙女？

著名犹太精神病学和神经学专家维克多·弗兰克曾写过一本轰动世界的畅销书《生命的意义》。1941 年，纳粹已经开始进入奥地利，犹太

善

民族面临前所未有的浩劫。弗兰克正值而立，意气风发，已是成果斐然的学者。他还是有执照的医生，握有美国绿卡。弗兰克的妻子刚怀孕，只有移民避难，才可保持小家的完整。

然而，他的身体里终究流着犹太人的血，奥地利有他的信仰和民族。踌躇之间，弗兰克来到维也纳大教堂。在管风琴洪大的奏鸣声里，他痛苦地抉择。留下的理由是什么？第一，他是医生。身体有病的犹太人会被第一批杀掉，而作为医生，他可以给这些人开具健康证明。第二，他是儿子。虽然留在奥地利，并不能阻止父母被杀掉，但是，他可以陪伴老人度过生命最后的时光。于是，弗兰克带着这两个沉重的理由回到家。

如同神示。一到家，门口多出了一条残损的大理石，上面刻着"十诫"中的第一诫：你当孝敬父母。父亲告诉他：犹太会堂已经被纳粹摧毁了，这条大理石被捡回了家……

1944年，弗兰克医生衣衫褴褛，形容枯槁，缓步走出纳粹集中营，他是全家唯一的生还者。他的父母、妻子、孩子全都死在了那里。而弗兰克医生说：我不会后悔，生命的意义不只是追求幸福。

人性本善，并非小恩小惠，更不是一己的幸福，而是有关信仰的慈悲，这是一种大我的担当。

在田沁鑫导演的话剧《北京法源寺》中,谭嗣同曾和法源寺的住持讨论慈悲:"慈悲可比善良大多了,慈悲是多么勇猛啊。""我自横刀向天笑,去留肝胆两昆仑。"要有人活着,才能继续革命,变法不能只是一个笑话。还要有人留下赴死,有流血,有牺牲,才能警醒世界。

主动选择苦难,直面生死,始终在大信义的驱使下去面对生命的全部意义。**慈悲不只是慈眉善目的真容,而是至刚至勇的担当。**

什么是生命的全部意义?不再踟蹰于难捱的苦难,不再自得于点滴的善意,幸福不是生命的全部意义,更要勇猛直面残酷的人生。

善

106

南宋　马远　《松寿图》

《论语》中有很多关于"善"的论述，善首先是"爱人"，它在治国，在修身，在处世之道，也在行事之矩，关乎信念，也需要担当，比如：

　　子曰："人之将死，其言也善。君子所贵乎道者三：动容貌，斯远暴慢矣；正颜色，斯近信矣；出辞气，斯远鄙倍矣。笾豆之事，则有司存。"（《论语·泰伯》）这是说一个人临终的话一般都是善意的，主要指处事待人要真诚、谦和、严肃、端庄，强调礼和信。

　　子曰："笃信好学，守死善道。"（《论语·泰伯》）这是说做人要坚持自己的信念，勤奋学习，治国也要遵守一定的原则，既要有建功立业的进取精神，又要审时度势。

　　子曰："知及之，仁不能守之；虽得之，必失之。知及之，仁能守之。不庄以莅之，则民不敬。知及之，仁能守之，庄以莅之，动之不以礼，未善也。"（《论语·卫灵公》）这里的善，囊括了聪明才智、仁德、严肃认真的态度、合乎礼节等多种具体行为规范和心理品质。

　　季康子问："使民敬、忠以劝，如之何？"子曰："临之以庄，则敬；孝慈，则忠；举善而教不能，则劝。"（《论语·为政》）这是指品德高尚的人就能使社会进步、和谐。

理玉

谁发现"玉在山而草木润"？谁识得"乱世黄金盛世玉"？谁品味"谦谦君子，温润如玉"？又是谁惊觉"玉颜已千霜"？沧海桑田，情深缘灭。玉是中国人心头挥之不去的美好。

物件的美，总始于人性的善。西方人迷恋钻石，爱它璀璨的光芒，坚硬的棱角，爱它一颗永流传。中国人钟爱美玉，则欣赏它的温润洁白，光而不耀。玉之本质，不过自然界的一块顽石；而玉之极品，却似羊脂，细腻滋润，而又坚韧耐磨。所以，中国人借玉抒怀，给玉冠之以"五德"，恰如君子节操。《说文解字》有言，丝丝入扣：触之，"润泽以温，仁之方也"；观之，"鳃理自外，可以知中，义之方也"；闻"其声舒扬，博以远闻，智之方也"；行"不挠而折，勇之方也"；言"锐廉而不忮，洁之方也"。

"君子佩玉，小人藏刀。"以玉比德。它是温润的，但不柔软；它是坚硬的，但不锋利；它有光泽，但不耀眼。然而，"如切如磋，如琢如磨"。如玉美德，多是修炼而得，古人称之"理玉"。

"理"字，左"玉"右"里"，即按照璞玉的纹路，一点一点剥开，让玉的美质显露。**美好的德行，并非绝嗜禁欲，而是顺应天理人伦，按它本来的样子去调理，才是上佳。**

彼君子兮,胡不爱?

清　石涛　《水容侵古岸》

　　玉质坚贞而温润,色泽空灵而幻美,趋向于精神人格完美之表现。是以,中国古代君子常常比德于玉,中国的艺术也都以精光内敛、温润如玉的美为意象。在诗仙李白的笔下,"玉"的物象就高达三百多处,无论是以"玉颜"喻女子之美貌,以"玉箸"形容女子眼泪的珍贵,还是以"明月珠"喻贤能……"玉"在诗人眼中都是至美至德的象征。美学大师宗白华也曾把玉之美,总结为"绚烂之极归于平淡"。要闪耀就闪耀到极致,当平淡时又无惧于低到尘埃里,领悟了玉之美,便真可在这繁华世界中进退自如了。

三

情分与本分

人际交往的真正起点，是理顺自己和世界的关系，既不妄自尊大，也不妄自菲薄。

我们经常听到两句话，第一句话是"你什么都能行"，第二句话是"你什么都不行"。当你获得荣誉的时候，一个声音说：你什么都行，你是最棒的。可当你稍有闪失，另一个声音又说：你怎么比起人家来没有一样好？我们对自我的评价不稳定，多半源于这两句话。人就是这样，既容易沉湎于"什么都行"的廉价赞美，也难于从"什么都不行"的无端指责中自拔，越来越不知道哪些是自己能行的，哪些是自己不能行的。

佛家说，"破我执"。我们立足于世间，需要执着，却不可"执迷"。一旦执着到了沉迷，就会迷了你清明的慧根，让你走入危境而不自知。比如爱。爱不能成为一种绑架。对别人如是，对自己也如是。深爱不问结果，是对生命、对自我的敬畏，如果强求对方给出结果，却是人性的可怕。

比如胡兰成之于张爱玲。"我已经不喜欢你了，你是早已经不喜欢我的了，这次的决心，是我经过一年半的长时间考虑的，彼唯时以小吉(小劫)故，不愿增加你的困难，你不要来寻我，即或写信来我亦是不看的了。"张爱玲的这封分手信还附了30万元钱，那是她新写的电视剧本《不了情》

《太太万岁》的稿费。

多少人以为张爱玲爱得不值，然对于她而言，生命已涵养得很大，给得起一份执着的爱，也能在这份执着中保住自己，找到欢喜。所以，即使她和所有女人一样，渴望天长地久，却并不执迷于哪个男人给她一个结果。她当得起。

《曾国藩家书》有三句话告诫子女："士有三不斗：毋与君子斗名，毋与小人斗利，毋与天地斗巧。"争斗这件事有三戒。第一是"毋与君子斗名"。君子命都可以不要，名誉是不容你玷污的。第二是"毋与小人斗利"。小人把利益看得高于一切，你侵犯了他的利益，他往往不择手段地报复你。第三是"毋与天地斗巧"。不要总说巧夺天工，人哪里斗得过天地的自然规律？所以，无论君子也好，小人也罢，甚或是天地万物，都有自己的本分，不要轻易去触动别人的本分。

我还想补充第四句："毋与痴迷之人谈情。"所谓痴情，无非是把情分凌驾于别人的本分之上。如果一个人连自己的本分都做不到，连自己为自己的生命买单都做不到，在自以为是的理由之下，哗众取宠，把"情"这件事情推到别人身上，推向极端；便不再是有"爱"，更勿论行"善"了。

人生何处不相逢。每一次照面，如荷花映水，都是珍贵而美丽的世

近现代　齐白石　《槐荫莫蝉图》

间情分。只是再美好的情分，终不可绑架你我的本分。

国学小站

不自见，故明；不自是，故彰；不自伐，故有功；不自矜，故长。夫唯不争，故天下莫能与之争。

——《老子》

老子说道：不自我表扬，反能显明；不自以为是，反能是非彰明；不自己夸耀，反能得功劳；不自我矜持，所以才能长久。正因为不与人争，所以遍天下也没有人能与他争。"不争"源自身心的安顿，能以退为进，虚怀若谷；能做好本分，穿越风雨与世界和解；能守住情分，相遇时勇敢，拥有时珍惜。

四

读心

　　樊迟问孔子：什么是"知"（智）？孔子说了两个字："知人。"也就是说，如果你懂得天体物理，懂得生物化学，都不是拥有大智慧，而只是拥有了知识；真正的智慧有一个重要标准——面对人心，你拥有什么样的判断力。

　　人性中没有绝对的善与恶，我们不能说某一个人就是十全十美的大善人，也不能说，某一个人自始至终就是十恶不赦的歹毒小人。其实，人性中的各种元素在不同的土壤，不同的温度，不同的环境中，或善或恶，都会有所释放。

　　如果面对这样复杂的人心，我们仍然有自己清晰的判断，能够看到每个人生命中的优点，跟自己形成互补，并且"举直错诸枉，能使枉者直"——让那些正直的、有才能的、善良的人有更好的发展空间；让那些原本不太好的人有所改变——那么，这就是真正的智慧。有一句谚语说得好，人生真正的成功不在于你凭运气抓了一手好牌，而在于你虽然抓了一手坏牌，却能把它打好。**与人交往的真正成功不在于：你一路走来，遇到的全是君子；而在于你遇到有些不能成为君子的人（当然不一定是小人），能不能因为与你的交往，看到人性中的温暖、善良，看到你对他的体谅、包容，从而让他美好的一面更多地表现出来。**

清　恽寿平　《春风蝴蝶》

在一个充满迷茫的世界里，真正深沉的智慧就是我们能够沉静下来，面对每一个人以及他背后的历史，走进他内心深处的那些欢喜和忧伤，那些心灵的愿望。回过头来，叩问我们的内心，唤醒一种真诚的酝酿，并把这些温暖善良变成滋润人心的力量。

> 视其所以，观其所由，察其所安。人焉廋哉？人焉廋哉？
> ——《论语·为政》

如何做到"知人"的大智慧？孔子说，看一个人，要看他做事的动机、经过，他做事的方法，还要看他最后是否得到了心理上的安顿，去判断这件事是否已然结束。这样的话，就没有人能藏起真实的自己了。因此，要想"知人"，就不能在静止的一点上考察，听其言不能断章取义，观其行也不能单看结果，"知人"其实是一个动态的过程。

五 观过识君子

托尔斯泰有句名言，幸福的家庭都是相似的，不幸的家庭却各有各的不幸。从某种意义上说，"善"和"过"也可同此理。世界上的很多善举，比如扶老携幼，忠信之道……很多的社会价值都是基本趋同的，但人的过错却千奇百怪，不一而足。

有学生问孔子："以德报怨，何如？"孔子回答："以直报怨，以德报德。""以德报怨"也是一种过错。这种过错来自无原则地慈悲、柔软，超出了底线，所以屡屡被伤害。从这种过错中，你能看出人心中深刻的悖论。

无所不能的专制者，往往有一段无爱的童年；八面玲珑的老好人，也许最没有生存的安全感……过错，原来是一个人内心的出口。

人生路漫漫，孰能无过？真君子不是没有过错，而是能从过错中洞察人心。所以，有人因为软弱犯错，有人因为轻信犯错，而也有人的过错是源自善良。

那么，君子如何"改过"呢？

首先是犯错后的态度。君子不是不犯错，但君子之过如同日月之食。太阳再灿烂也有日食，月亮再皎洁也有月食。所以"过也，人皆见之"，君子过则过矣，从不藏着掖着，都是正大光明的。"更也，人皆仰之。"

明　仇英　《秋江待渡》

在他改过之后，依旧是那个当空的朗日，那轮仰望的明月。

其次是"不贰过"。不同的事情在不同的情境下可能会失误，但千万不要在同一个地方再次跌倒。倘若一个人屡屡犯同样的错误，恐怕就是既不智慧，也不仁义的了。

善

国学小站

或曰:"以德报怨,何如?"子曰:"何以报德?以直报怨,以德报德。"(《论语·宪问》)我们如何对待"德"和"怨",如何对待别人的过错呢?

孔子不赞成以怨报怨,不赞成永远以一种恶意,一种怨恨,一种报复去面对别人的不道德。否则,这个社会将是恶性循环,无休无止。

他也不赞成以德报怨,一个人如果用不值得的仁厚和付出,去面对不讲是非标准、已经有负于你的人和事,这是一种人生和人格的浪费。对少数为非作歹、顽固不化的人,对道德不屑一顾的人,不要一味讲究宽容,而要辅以刑罚。

他提倡以两者以外的第三种态度——"以直报怨",即用公正的、率直的、磊落的、高尚的人格,正确面对有过失的人。

因此,我们讲道德要有一个标准,一不能冤冤相报,互相残杀;二不能姑息养奸,纵容犯罪。以直报怨,就是要以公正的法治来解决不公正的问题。

六

心能转境

生命无所谓"弯路"：不经过曾经的曲折，走不到当下的此刻。而"此刻"的美好，谁能领悟？

有一年，我从国外讲学归来，家里已经乱作一团。母亲肚子疼了两天，送进医院，急性阑尾炎，可能穿孔，立即手术，她那时候已经八十多岁了。孩子又高烧咳嗽，肺炎，必须天天挂针。

当我心急火燎赶到医院的时候，接近午夜十二点。母亲很歉疚地说："真对不起。明天是周一，你还要给学生上课。我今天晚上已经这样了，你一定要去上课！"我一边答应着，一边把她送进手术室。

签手术同意书的时候，医生告诉我，因为病人年龄太大，很可能做完手术后醒不过来，要进重症监护室。我靠在墙上，心力交瘁：妈妈进医院了，孩子还在家里，发烧40度，明天还有课，怎么办？无奈之下，我只好给学生打电话，请她们帮忙开车送女儿去医院。

几个小时后，手术室灯熄灭的时候，我的腿都软了。结果还没看见手术车，就听见母亲在和医生聊天。幸好，母亲头脑很清楚，一点事儿也没有。她拉着我的手说："孩子，我有点儿饿了。"又对我爱人说："你开车回家一趟，看看小不点儿退烧了没有。另外，你把我的拖鞋拿来——在床底下，把我的洗脸盆拿来——在卫生间里。"母亲躺在手术台上布置了一番。

最后,母亲还是挂念我的课:"你早上一定要去上课,不能耽误了学生。"于是,我就趴在床边睡了一觉。

第二天早上七点多,母亲催着我回家看看。我看她意识很清醒,也牵挂孩子,就回家了。我进门之后,女儿就跑到我跟前,我问女儿:"你难受不难受?"她活蹦乱跳地回答:"不难受。"既然母亲和女儿都安好,那我不去上课干什么?

那是一个四月的早晨,当我走进校园的时候,冬青树刚刚修剪完,一路上散发强劲清新的香气。阳光打在树上,半明半暗,如同我们蓬勃颠倒的生活。我从阳光里走进大阶梯教室,望着后墙上站着、贴着的学生,开始讲课。有学生提问:"老师,我现在看一切都悲观,打不起精神。怎么办?"我笑了:"悲观与否,要看你拿什么作为参照系。当下的此刻,我不仅是乐观的,而且是感恩的。因为我给你们下了课,会先赶到医院,看看妈妈怎么样,我相信,她今天比昨天更好。我再回家看看孩子怎么样,我相信她中午比早晨更好。在我生命里的今天,能看见一个我叫妈的人,和一个叫我妈的人,看见她们越来越健康、快乐,就像这个春天。这一切,难道不值得感恩吗?"

"子欲居九夷。"学生说："陋，如之何？"那么简陋的地方，你去干什么？孔子莞尔："君子居之，何陋之有？"君子居住的地方，哪有什么简陋的？

　　君子心怀天下，任重道远，便可无视简陋。这是其一。同样，君子活色生香，能改变环境，使蓬荜生辉，也是一层浪漫的理由吧。

　　佛家说：心能转境。我们在世界上相逢各种物境，何时登临最好的境界，无可强求。然而，接受此刻，沉浮于当下，心量大一点，愿理强一些，心想事成，就这样发生了……

清　石涛　《月下梅竹》

唐朝文学家刘禹锡素有"诗豪"之称,一首《陋室铭》流传至今。"南阳诸葛庐,西蜀子云亭。孔子云:何陋之有?"诸葛亮,字孔明,三国时蜀汉丞相,著名的政治家和军事家,出仕前曾隐居南阳卧龙岗;扬雄,字子云,是继司马相如之后西汉最著名的辞赋家。草庐孕育了绝世英豪,玄亭培植了一代才子。诸葛庐和子云亭都很简陋,却因居住的人有名而受到人们的景仰,陋室又有什么鄙陋的呢?山水的平凡因仙龙而生灵秀,那么陋室当然也可借道德品质高尚之士播洒芬芳。正如孔圣人所言:"君子居之,何陋之有?"

七

找回自己的魔法

女儿两三岁的时候，我的生活开始变得喧嚣。

一天，我们在床上疯闹。她突然拿出一支玩具仙女棒，轻盈一挥，端正指向我："现在，我可以把你变成另外一个人。"我嬉笑着："宝宝，你想把我变成谁？"女儿小脸一摆："于丹教授。"我瞬间明白：在孩子心里，套着睡衣，抱着她在床上打滚的那个人，才是她的妈妈。而身着职业装，在电视上侃侃而谈的那位，是另外一个人，叫作于丹教授。

小儿戏言，似有天机。多少次，我扪心自问：我是谁？于丹教授是不是我？读硕士，考博士，从讲师，到副教授，晋升教授、博导……一路出走几十年，我当真活成了另一个人？再后来，我在文字、人海中浮沉，执意归来，回到内心，寻找自我；是否真的从心所愿？

女儿长大了，很快就要中考，我们讨论最多的话题，变成了"读什么样的学校"。她早已明白，外面那位给人们讲课的妈妈和家里这个和她聊天的妈妈，其实是一个人。然而，我真的回来了吗？我是台上的"行人"，还是家中的"归客"？这样两种身份，能够坦诚地合二为一吗？

找回自己的魔法，也许就是"不迎不逆"。不刻意追求，也不执意抗拒。年少时，我们曾饱满地"迎"，也会热烈地"逆"。努力追求成功、富足、顺遂、被爱、被认同，拼命躲避不喜欢的周遭。踏遍岁月千山万水，尝遍世情风霜百味，我们不再年轻，天天憧憬未来；我们也并未苍老，日日怀念过往。我们终于学会珍视当下，调整自我和世界的默契，让"迎"和"逆"的心再淡一些。这个世界从来不是为哪个人量身定做的，努力就好。

《孟子》亦有言："学问之道无他，求其放心而已矣。""放心"是"散落的本心"。**"求放心"，也即"找回散失的本心"，回到最初的明朗、清白。这是一场持久的追寻，一种历经挣扎，甚至妥协，终于接近自己的极致状态。** 无论我们散落在世界的哪个角落，守住生命的初心，不逆不迎。

明　朱耷　《游鱼》

《华严经》曰：不忘初心，方得始终。别忘了最初的发心，常常回来，那里有最根本而至简的使命，如一粒种子，能令我们在为人处世上明心见性，善始善终。人有三条命：性命、生命和使命，它们分别代表了生存、生活和责任。初心是我们的使命，具有的种子的力。然而，《诗经》又云："天生烝民，其命匪谌。靡不有初，鲜克有终。"其本意是说：老天生下众民，本来都是善的；出生后面对社会各种诱惑，很少有人能以"善道"自终。既已蓬勃上路，就当不舍昼夜。有初相遇的美好，也该有完结篇的铿锵。

有神仙骨

戒得长天秋月明
心如世上青莲色

凉风起时

夏日炎炎，而眼看得细了，心也就静了，渐渐地，在这随时随地的微妙景致里，也能得一处清凉安顿。

田园诗人孟浩然，曾在一个大热天里思念朋友。人在屋里，推开轩窗，迎风一瞬的清凉："山光忽西落，池月渐东上。散发乘夕凉，开轩卧闲敞。荷风送香气，竹露滴清响。"乡野田园有荷花的香气迎风而来，甚至耳边还听得到竹子上的露水清清爽爽地滴答下来，化开心里的那点点凉意。

古诗里的夏天,总有随处可见的清凉。杨万里写过《暑热游荷花池》。"细草摇头忽报侬，披襟拦得一西风。荷花入暮犹愁热，低面深藏碧伞中。"天真得如同一首儿歌。天太热了，连小草都在不停地摇着头，低喊着：热呀，热呀。怎么办呢？"披襟拦得一西风"，索性把吹过来的凉风给拦下来吧！回头一看，"荷花入暮犹愁热"。就算暮色低垂，荷花还是热得发愁。所幸荷花也有地方乘凉，"低面深藏碧伞中"。你没有发现朵朵红荷都打着一支一支的小碧伞吗？荷叶就是它们的遮阳伞，只一低头，就藏在伞底的阴凉里了。

夏日的清凉舒爽，不只有手中的伞，还有心里的诗。北宋诗人苏舜钦，夏日开窗，凉风穿过疏竹，悠然躺在床上，痴看白云飘去。"北轩凉吹开疏竹,卧看青天行白云。""树阴满地日当午,梦觉流莺时一声。"此时正当午时,理应最热。诗人抬头瞥见白云行走在朗空之上,境界开阔,竟不觉暑气蒸腾。**闷热往往是空间的逼仄,而心有天光,便觉清凉疏阔。**

恰在此时,"梦觉流莺时一声",听到的那一声鸟的啼鸣,打开了这一瞬的闷热,升出一片脆生生的清凉。

有人说,空调大概是工业现代化里最差的发明之一。屋内制冷,带来凉风的同时,户外承载了更多的燥热。我们一边体验着舒爽清凉,一边制造着烦闷热浪。

真正的凉,在心中的安宁。而古人的诗句,就像我们小时候,奶奶和姥姥讲故事的那把大蒲扇,原始手工,凉风起时,诗意驱散了烦闷,带来了自然的清静。

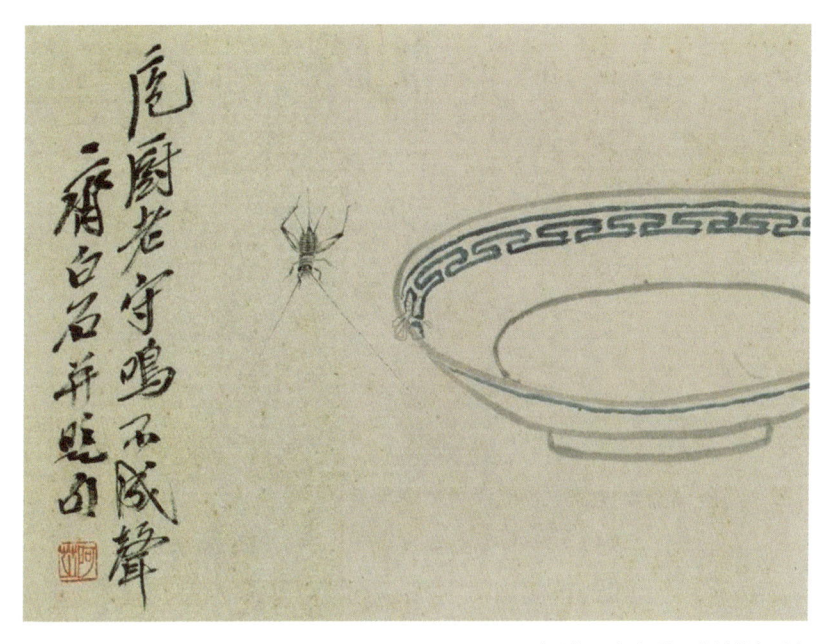

近现代　齐白石　《蟋蟀与碗》

"人人避暑走如狂，独有禅师不出房；非是禅房无热到，为人心静身自凉。""心静自然凉"出自白居易《苦热题恒寂师禅室》这首诗。当年白居易去东都洛阳的寺庙拜访恒寂大法师，时值酷暑，白居易走进屋内却见恒寂安静自如地端坐于屋内，便问他：为何不找个更凉快的地方坐着。恒寂禅师一脸淡然：此地亦凉快。内心持久的安静与平和是一种难得的人生境界。白居易历经多年的人生沧桑和宦海沉浮，后来请奏唐穆宗，寻求外放，终至弃官归隐，觅得"心静自然凉"。

我和谁都不争

真正贵气的生命,是愿意和寂寥独处的。

二十年前,杨绛先生的爱女钱瑗去世。一年后,丈夫钱锺书临终,一眼未合好,她附他耳边说:"你放心,有我!"杨先生不无凄凉:"锺书逃走了,我也想逃走,但是逃到哪里去呢?我压根儿不能逃,得留在人世间,打扫现场,尽我应尽的责任。"

"大都好物不坚牢,彩云易散琉璃脆。"此伤此痛,先生作何等怀想,不敢妄测;此情此境,先生该何等寂寥,不忍置评。我们只看到,彼时近九十高龄的杨绛先生,开始翻译柏拉图的《斐多篇》,出版《我们仨》,写作《走到人生边上》。"九十六岁的文字,竟具有初生婴儿的纯真和美丽"。

"有物混成,先天地生。寂兮寥兮,独立而不改,周行而不殆,可以为天下母。"有一种东西浑然天成,比天地万物生发得都早。不热闹、不喧嚣,不改变自己独立的操守,周而复始地运行,永不消歇,可以作为天下万物的母体。这就是"道"。

这是一个寂寥稀缺的时代。

比如过马路。黄灯亮起来,意味着警示和停下。但很多人看来,黄灯亮,红灯没亮,现在抢一步还不犯法。慢了就错过了,慢了就落后了。让一步还是抢一步，隐喻了我们的文化心态，是富有还是贫瘠。

我们常说，文化圈"文而不化"。而在富贵阶层，也有更多的"富而不贵"。"文"是卷帙浩繁的经典，它具备让人幸福的能力吗？没有化育，它只是泛黄的经卷。"富"在存款上的数字，它能让你的生命尊贵吗？生命的尊贵在于节操、信念，在于容忍的慈悲，在于为世界担当的使命感，跟存款上的数字不成比例。

人类的信息传播，从最初的纸媒、广播，发展到电视、公共的电子媒体，直至今天的个人电脑、手机终端。当我们对虚拟空间的社交功能越来越依赖，会不会在现实空间的自我创造逐步削弱？会不会越来越害怕和寂寥独处？

"寂兮寥兮。"越寂寥的东西越强大，越喧嚣的生命越弱小。鹰隼、鸿鹄从来孤身翱翔，麻雀、大雁总是成群结队。老虎、狮子往往特立独行，羊儿、马儿却是抱团生存。**人若不能专注于平淡的生活，而永远置身躁动的喧嚣里，那只是内心过分贫瘠而产生的恐惧。**

早些年，翻译英国诗人兰德的名诗，杨绛先生借以写下心语："我和谁都不争，和谁争我都不屑；我爱大自然，其次就是艺术；我双手

善

134

明　陈洪绶　《花鸟草虫册》

烤着生命之火取暖；火萎了，我也准备走了。"真实的生命因淡泊而持久，因寂寥而高贵。

国学小站

　　夫君子之行，静以修身，俭以养德。非淡泊无以明志，非宁静无以致远。夫学须静也，才须学也。非学无以广才，非静无以成学。怠慢则不能研精，险躁则不能理性。年与时驰，意与日去，遂成枯落，多不接世。悲守穷庐，将复何及！

——诸葛亮《诫子篇》

　　"静以修身，俭以养德。非淡泊无以明志，非宁静无以致远。"从古至今，这是无数人的座右铭，讲的就是寂寞的力量。没有伟大是向来喧嚣的，也没有成功是一蹴而就的，只有甘于寂寞，学会与平淡相处，与平凡决裂，与信念抱守，与永恒的艺术、自然、真实握手，独立而不改，才能"心中有天地，不为外物欺"。

晴丝吹来谁家院

八十年代初,我在北京昆曲研习社,师从周铨庵先生。周先生时年近七十,是一位真正的闺秀。

周先生读过大学,专业是家政。她精通琴棋书画,却全无谋生的手段。后来,家产都被没收了,老两口没有职业,也没有孩子。日子怎么过呢?

老太太教昆曲。虽然学生零落,但她爱得痴迷。就在西四羊肉胡同里,小院外喧哗嘈杂,小院里却是时光模糊:也许是晚明,也许是清初,昆曲的戏码镌刻在周先生的血液里,一点点复苏……水磨腔流淌起来,车水马龙就停顿了。

周先生爱美。那年代流行蝙蝠衫,她跟我们这些学戏的孩子们说要买一件。她说:"你看我个子瘦高,穿上大蝙蝠袖,一定漂亮啊。"下一次上课,她果真穿了一件蝙蝠衫:淡黄的底色,撒着黑色的圆点。老太太一头白发,鲜黄掐腰的蝙蝠衫,浅蓝的牛仔裤,平底白球鞋。周先生说:"这件衣裳8块钱,裤子10块钱。"看到她把18块钱的衣服穿出这样的优雅美丽,懵懂的我顿悟了什么叫作"女人的尊贵"。

多年以后,我闭上眼,想念周先生,就是一片单单薄薄的迷离:大杂院里的小平房,正中的蜂窝煤炉子,一把旧旧的躺椅。她先生靠

清　恽寿平　《花果图》

在吱吱呀呀的躺椅上，手拿一本线装的诗词。周先生从屋里走出来，端茶倒水，哼唱着昆曲。"袅晴丝吹来闲庭院，摇漾春如线，停半晌整花钿，没揣菱花偷人半面。"

原来，我一直忘不了的是周先生的屋子和她身上的光彩。而**我看到的不只是"良辰美酒奈何天，赏心乐事谁家院"，更是一种骄傲。那是贫穷、困顿、挫折乃至于死亡永远不能剥夺的、女人的优雅和尊贵。**

国学小站

昆曲是我国最古老的剧种之一，发源于14、15世纪苏州昆山的曲唱艺术体系。

昆剧行腔优美，人称"水磨腔"。注重声音的控制，节奏速度的顿挫疾徐和咬字吐音的讲究。如同"水磨"，缠绵婉转、柔漫悠远。而这种柔漫和细腻，正是现代文明所缺失和向往的。

四

生命的伏笔

我是一个爱做梦的人。从小到大，夜夜多梦，彩色，逼真。所谓一夜无梦到天明，对我是奢侈的事。从中学时代到现在，有两个梦是不断重复的，三十年间屡屡回来。一个最恐惧的梦就是考数学，我常常在梦里对着面目模糊的数学老师哭着说："我记得我考上中文系了……"一个最欢喜的梦就是看见姥姥，姥姥穿着偏襟大褂，鞋干袜净，笑意盈盈地坐在床边，叫着我的小名，说上学去吧，回来时姥姥还在家等着你……

做完那个恐惧的梦，醒来是侥幸的；做完那个欢喜的梦，醒来是悲伤的。恍兮惚兮，姥姥，那个画面是你留在我十五年生命中最后的音容。

十五岁那个初夏，我初中三年级期末考试第一天，八十岁的姥姥胃里的肿瘤在前一夜破裂了，她呕出了一搪瓷缸子的鲜血，自己悄悄地藏起来，从凌晨就坐在床头，整齐干净地挨着时光，等待我醒来去上学。

"毛毛，"姥姥叫着我的小名，递过来两个橘子，"乖乖上学去吧，别惦记姥姥，好好考试，放学回家，姥姥还在这儿等你。"

我浑然不觉地跟姥姥再见，去了考场。中午回家，姥姥不在床边，妈妈说姥姥进医院了，问题不大，嘱咐我好好考完再去看她。

初三的考试，时间拉得很长。在一个星期的时间里，我怎么央求大人，不管哭还是闹，他们就是不带我去看姥姥。直到全部考完，我奔跑回家，看见堂屋里妈妈和舅舅都在等我，他们脸上的神色把我吓住了，空气里只有毫无顾忌的蝉鸣，一声一声地打碎紧绷的安静，我小心翼翼地问："我姥姥……我姥姥怎么样了？"姐弟俩艰难地交换了一下眼色，动了动嘴唇，我记不清他俩是谁说了一句："毛毛，你是大孩子了，要冷静……"轰的一下，我的耳朵里连蝉鸣都听不见了。

姥姥去世了，几天前就去世了。她入院抢救时，医生已经回天无力，姥姥迅速脱形，瘦得不到八十斤，单单薄薄地躺在被单下，全身插满了管子。医生嘱咐把家里老人最喜欢的孩子叫来让老人看一眼，姥姥跟妈妈和舅舅说："孩子正考试，我不见这最后一面了，就让孩子记住姥姥坐在家里送她上学的样子吧，我不想让孩子看见我现在的样子，她以后想起姥姥，会难受的。"

我一言九鼎的姥姥，我那不到四十岁就守寡拉扯大儿女的姥姥，妈妈和舅舅怎么敢违逆她一点意愿呢。就这样，姥姥平生第一次对我失约，我考完试回家，姥姥没有扯着甜蜜的长声叫："毛毛啊，过来让姥姥看看……"

十五岁那个夏天，那个早晨，那个今生今世与姥姥离别的瞬间，就这样，一次一次回到我的梦里，清晰鲜亮，一伸手，就触摸到姥姥手指的暖和橘皮的凉。

多年以后，一个暮春的下午，我坐在自己家的楼梯上，摇晃着小小的女儿，听她嫩生生地说着些没有逻辑的话。想起姥姥教我的那首诗：

> 春日在天涯，天涯日又斜。
> 莺啼如有泪，为湿最高花。
> ——李商隐《天涯》

那一瞬间，我懵懂泪下。

中年心事浓如酒，少女情怀总是诗。冥冥之中，总有一些等待，在不期然的拐角处，猛烈而单纯地撞上来。而所有的前尘往事里，都埋着隐约的伏笔。

我与姥姥，继续着梦中的相见。生命中所有预设的伏笔，在未来的时光中，渐次清晰。

元　朱德润　《松溪钓艇图》

> 春日在天涯，天涯日又斜。
> 莺啼如有泪，为湿最高花。
> ——李商隐《天涯》

　　春日如此美妙，我却远在天涯，而且那天涯已向晚，惆怅而黯然，空漠而无依；平日里本婉转悦耳的莺啼此刻也成了悲声，花只剩最高的了，春日也将尽了……这是生命的绝唱，人生的挽歌，故杨守智评此诗"意极悲，语极艳，不可多得"。我们的人生总有几个悲伤得不能自已的瞬间，午夜梦回，它们竟成了永恒，或鞭策，或提醒，或感喟，或更懂得藏在悲伤背后那深沉无比的爱。

舌尖上的四季

费孝通先生在《乡土中国》中谈道：我们正在拥有越来越多的房子，却失去了越来越多的家园。作为一个老北京，我始终遗憾：在这个千年古都、国际化大都市，我们是政治经济文化的中心，却缺少乡土，找不到家园。

直至一年，我在黔东南州，参加了一回长街宴。长街宴，类似于我们常说的"百家饭"，家家户户把自己最拿手的菜品端出来，互通有无，随吃随走。

一早开席，看大伙儿摆出来的桌子长短不一，凳子也高低参差，拼在一起，蜿蜒一路。也有"烹羊宰牛且为乐，会须一饮三百杯"的豪迈，也是一派其乐融融。

这里的人是苗家，所有的食物都用手抓。主食是现烤的苞米，竹笋、花生、白薯……也有米饭，一大盆紫色的糯米。每人伸手抓一把，像糍粑一样，捏在手里团一团，直接咬。有人吃得一手五颜六色，会吃的却不沾，吃完起身，双手还白净净的。菜品也简单，人人面前一大碗酸汤，七荤八素，想吃什么都找得着。大碗喝汤，大把抓饭，吃的就是这一份温暖乡情。

今天，每一种食物都能精确地分析出各种维生素，不同卡路里。

但我相信，一定还有一种科学无法分析的能量，把最蓬勃欢欣的那点生机，通过饮食，传递到我们的生命里。

《黄帝内经》有言："春三月，此谓发陈。天地俱生，万物以荣。""夏三月，此谓蕃秀，天地气交，万物华实。""秋三月，此谓容平，天气以急，地气以明。""冬三月，此谓闭藏，水冰地坼，无扰乎阳。"春天就要采食各种芽尖，夏天多吃大片的绿叶，秋季果实最美，冬季根茎最养。**养生不是大把进补，而是随着四季，去品味最有生机的食材**。

如此这般，当你的舌尖和心头一起通泰、熨帖之时，乡愁到底是更浓，还是更淡了呢？

近现代　齐白石　《松山竹马图》

　　在中国儒、道、佛三大传统文化中，儒家致力于解决社会问题，佛家力图超脱现世，只有道家将生命科学提到了中心位置，以健康长寿为己任。道家养生饮膳法，本于饮食有节，求其相合相生；基于饮食适中，六味以淡为主。晋代道家代表人物葛洪就有很多具体的做法，如"不欲极饥而食，食不过饱；不欲极渴而饮，饮不过多""凡食过则结积聚，饮过则成痰癖""饱食即卧，伤也"等等养生之术。但其实养生首先在于养心，舌头与心灵一起熨帖了，才是真的做到了道法自然，才是道家所追求的养生之道。

六

最美的自己

"云想衣裳花想容,春风拂槛露华浓。"女子爱美,始于基因。

爱美的女人们,了解时尚,跟随潮流。小到穿衣打扮、拿哪个包、穿哪双鞋;大到在自己的脸上动刀子,要像哪个明星,修修改改。殊不知,当一个人的外表越来越像别人的时候,内心可能越来越远离自己。

其实,一个女人,最美的永远都是发现自我,而不是复制别人。

苏东坡《和董传留别》:"粗缯大布裹生涯,腹有诗书气自华。"女人的容貌,前二十年是父母造就;之后的终生,她的美丽一定更在乎自己的修炼,反而跟五官、身段失去了直接的关联。

真正的美丽,与情怀相关,和教养相连。

情怀是美丽的沃土。我们用一辈子修炼着美丽,也在用一辈子灌溉着情怀。你的心有多从容,有多少爱,爱里有多少生活的情趣,散发出多少女性和母性的光芒……所有这一切,从生命里流露出来,再配上合乎气质的些许服饰,就完成了自我的成长。

教养是一种通透的悟性。**有教养的女人,不一定学富五车。只在举手投足之间,觉出一种温婉如水的气质。这种气质从不以强劲的力量迸射,而是一种持续、自然地流淌。**在我们生活中,它可能是一种润泽的养分,也可能是一抹鲜亮的光彩,更是一片身心的欣悦。

女人的生命，不总是历时性的成长，而往往是共时性的存在。上午，我带学生们郊游疯玩，是十五六岁的赤子之心；下午，我与一群夫子先生谈诗论道，又会有一种知天命的彻悟。一天之内，我们可以体会十五岁的状态和五十岁的心情。当我们的生命在同一天中交错成长，我们还会在乎年华吗？

年华就在自己手里，这一段流光从岁月中借来，冠以我们的名字，只为终究成就一个真正的自己、最好的自己。

清　改琦　《晓寒图》

东施效颦，世人皆知。

美女西施因病而皱着眉头，邻居丑女见了觉得很美，就学西施也皱起眉头，结果显得更丑。后人称这个丑女为东施。

李渔在《闲情偶记·词曲部·脱窠臼》中，说了句公道话："东施之貌，未必丑于西施，止为效颦于人，遂蒙千古之诮。"

七

谁怜风花雪月

风花雪月，冬阳夏花，生命里经过的美丽，曾经留意了，也就留下了。

有一年秋天，我白天讲课又写稿，还开着策划会，累到夜里两点多钟才睡。妈妈突然走进房间，把我叫醒。

我说："妈，什么急事儿啊？"

老太太很不好意思："哎呀，今天晚上的月亮太好看了，你能跟我上一下阳台吗？"

我当下无语，穿着睡衣迷瞪瞪地走上阳台。

妈妈望着月亮，一脸深情："月凉如水啊！"

那一瞬间，我猛然清醒了。是啊，错过今夕，永不重来。难得今晚，妈妈有这样一份守望的心情。于是，我搂着妈妈的肩膀，站在乍起的秋凉中，感受那晚的月色，心中无限安宁。

妈妈赏月也爱雪。有时候稍微下点儿雪，家里所有的人都会慌慌张张地找："姥姥呢？"

姥姥一个人挂着相机、换上鞋、拍雪景去了。80多岁的人儿，丝毫不怠慢，特性急地叨咕："可不能错过这场雪。"

还有孩子。城市里灯光多了，星光就少了。夜空也总是亮堂堂的，少有清静。偶然抬头看见月亮，女儿就会瞪圆了眼睛，哇哇大叫："妈

清　恽寿平　《出水芙蓉》

妈，你看月亮！像个大香蕉！"那种惊喜，让我自惭形秽。

今天，"风花雪月"差不多成了贬义词。很多人会跟孩子说："把有用的时间好好念点儿书，别老看些风花雪月的闲东西。"

而人到中年，离社会的角色最近，离家庭的责任最近。自然地，也就离风花雪月最远。

所以，我真感谢在我们家里，上有老的，下有小的，不时地提醒我——生命中还有另外一种美好。

国学小站

来猜一道古老的谜语：

　　　　　　　虫入凤窝飞去鸟，
　　　　　　　七人头上长青草，
　　　　　　　大雨下在横山上，
　　　　　　　半个朋友不见了。

谜底正是：风花雪月。

有心成长

登东山而小鲁
登泰山而小天下

爱和善意的吉光片羽

女儿小时候,有一天躺在自己的小床上,我拍着她入睡。灯全关了,她突然指着天花板上的影子说:"妈妈,你说那是什么?"我说:"是外面投进来的光吧?"路灯的影子,有一个圆圆的圈,里面隐约是一个黑点。那时,不到三岁的小姑娘胸有成竹地反驳我:"不,那是我妈妈的眼睛。"我的心瞬间被融化,半天说不出话来。她翻过身,用自己的小手轻抚我的脸颊,一字一句地:"那是我妈妈的眼睛。我每天都躺在这儿,对着眼睛说话。"

每次我出门录节目,女儿总要对我表示支持。最早的时候,她还不到两岁,我会跟她说:"妈妈要去讲课了,你帮助帮助我吧。"她说:"我给你吹吹吧。"她就趴在我胸口吹气,好像赐予了某种神奇的力量。那时,她要是磕了碰了,大人就会给她吹气,她觉得那是一个很有力的行为。等到她三岁,我再说:妈妈要去录像了。她就会说:让我亲亲你。亲完之后,她颇为自得:"现在不害怕了吧?"有时,她还会带着姥姥、爸爸,还有照顾她的姐姐,一大堆人鱼贯而入。她站在前排,指挥若定:"我妈有点儿害怕,大家一起亲亲她。"这也是她帮助我的方式。到了四五岁,她会笃定地把自己的那些花花绿绿的小卡子:小猪啊,小兔啊……都拿出来,帮我别在职业正装上。"戴上我的花卡子吧,就和我一样勇敢啦。"现在女儿长大了,她给我的支持,变成了我归来时,寂寂夜半,餐桌或者床头柜上,一幅小画或者半个橘子……她总是说:我很快就可以保护妈妈了。

老子所谓"赤子婴儿",也就是人性本善,天真无敌。我对人性一直抱有信仰,从孩子身上,亦看到了人性之初,如此透亮天真,毫不吝啬地爱与帮助。**每个人的生命都在穿越成长,那带着爱和善意的吉光片羽,是我们生命的安顿。**

老子《道德经》云:"合德之厚,比于赤子。"具有高洁道德修养的人,就像婴儿一样,有着饱满的精力,柔和的气韵。老子对自然人生观察得非常细致,他以婴儿的洁白无瑕来比喻人修德应该达到的"至真、至善、至纯"的境界,所谓"复归于婴儿"。

近现代　齐白石　《蜻蜓荷花》

童心本无用

女儿给我讲过三只田鼠的故事。

秋收时分,田野一片金黄,三只田鼠知道萧瑟的冬天就要来了,纷纷囤积过冬的物资。

第一只田鼠拼命往回搬粮食,一趟一趟把谷粒堆得满满的。第二只田鼠加劲往家拖稻草,一遍一遍把小窝铺得厚厚的。只有第三只田鼠游游荡荡,一会儿瞅瞅这儿,一会儿瞄瞄那儿,晒晒太阳,蹦蹦跳高。两只辛苦的田鼠一个劲儿地责备他:"现在不劳动,等到过冬的时候怎么办?"

白雪皑皑,寒风萧瑟,三只田鼠躲在小窝里,不愁吃不缺穿,突然倍感寂寞。第三只田鼠走到小窝中间,笑容满面地说:"那个秋天,我听见一位老人,搂着小孩讲故事;看到蚂蚁急急忙忙,排队搬家;那个下午,空气中有一种香香的太阳味道,小鸟在树叶的缝隙里唱歌……"两只衣食无忧的田鼠听得陶醉,终于明白,貌似无用的时光,其实也是一种储备。

无用的时光,往往储藏着美好的生命价值,而这一切,更多来自我们的童年。 每一天,孩子们都充满异想天开的童趣。冬天的冰雪融化,变成了什么?标准答案是水。但孩子们可能说,变成了鸭子,变成了燕子，变成了春天。这些难道不是更美的答案吗？作为大学老师，我希望将孩子们从标准中解放出来，给出自己内心的答案。唯有如此，才能释放天性。

"竹外桃花三两枝，春江水暖鸭先知。"若不是诗人童心未泯，何处妙手偶得如此佳句？若不是人们世世代代追慕童心，这般可喜可爱又何以传唱至今？

"为学者，必有初。"每个孩子天生就是诗人，只是岁月的泥沼沉重了想飞的翅膀。真正的艺术气质都是"无用"的，它们深植于我们内心的明亮天真，不断打开认识生命的全新境界。

《庄子》曾探讨"无用"。惠子说：我这里有一棵大树，人们称之为大椿。树干臃肿歪斜，小枝卷曲扭捏，傲然挺立在大道之上，木匠们连看都懒得看它一眼。先生的道理，就像那大椿，大则大矣，可惜无用，众人都不会理睬你，也不会为君王所采纳。要实现你的理想抱负，又从何谈起呢？

庄子说：为什么不将这棵大树移植到"无何有之乡，广莫之野"，彷徨乎无为其侧，逍遥乎寝卧其下。不会夭折于木匠的斧头和墨斗之下，更没有什么东西能够侵害到它。又有什么可发愁的呢？

清　边寿民　《芦雁图》

　　在这个风雨沧桑的世道上,如何让自己的生命超规格地生长?我们从小到大的考试,得到各种考级证书,不过是大大小小的尺度标准。如果急功近利,难免被绑架了思维。当我们还只是个桩子的时候,就希望赶紧为人所用。终于长成栋梁,就觉得自己的价值已经很高,自得而自负。我们有没有想过,如果穿越标准,可能成长为一个更大的自己。

　　什么才是生命的永恒?是超乎标准之后的这颗心。从护佑童心开始,以"无用"储备美好。也许等到孩子们长成了大人,会还我们一个清澈的世界。

竹外桃花三两枝,春江水暖鸭先知。
蒌蒿满地芦芽短,正是河豚欲上时。

两两归鸿欲破群,依依还似北归人。
遥知朔漠多风雪,更待江南半月春。
——宋·苏轼《惠崇春江晚景二首》

  不同的角度看春天,确实有不同的景象,春天可盼望、可等待,而尤其值得盼望和等待的,是一份自然澄明的心。

留住相约的那场雪

中学时代，我在北京四中，读文科班。高考结束，同学们都考上了大学。28个人窝到一位写诗的男孩家里，头碰头琢磨着："什么时候我们能够重聚呢？"

我一下跳起来："这样吧。今年的第一场雪，不管我们身在何方，就算旷课，也要赶到他家赴约。"大家都惊叹好浪漫，纷纷赞成。那一年的雪姗姗来迟，直到了转年的1月放寒假，才下了一场小雪。可我早已等不了，离开北京，在外地云游。

那场初雪只下了一天。

我从外地回来，妈妈说："家里电话都打爆了。同学们都去赴约了，你却没到。"不久，写诗的男孩给我打来电话。"你呀你，还是错过了今年的第一场雪。"我嘻嘻哈哈："我们才17岁，就算活到70岁，还有多少场雪，等着咱们哪？"

四年，五年……我们就这样，各自奔天涯，文科班再也没有聚齐。再次重逢，已是多年后的初夏。那天，我们在男孩家的客厅里包饺子。他走进小屋，拉开一个旧旧的木头柜子。从一大摞日记里，抽出一本："我这里还有你的东西。"我诚惶诚恐，翻开日记本：本子皱皱巴巴的，并不干净，上面只有一个日期，其余全是空白。"这是什么？"

"你还记得那年的约定吗?我们大家都回到了这里,只有你在外地。这么浪漫的约定,提议的人却错过了。于是,我们就在这个日记本上,记下了那天的日期,然后打开本子,站到雪地里。看着雪纷纷扬扬、纷纷扬扬地飘洒下来,直到把本子全部落满。"

"啪"的一声,他合上本子,"现在,我把这场雪还给你。"原来,雪化在了本子上,就是斑斑驳驳的褶皱。我轻轻打开日记本,如同打开多年前那场初雪。初雪已然错过,但是它落在了我的生命里,滋润着此后的每一场风花雪月。

人的一生有多少次初雪?第一份职业,第一段情感,第一次光荣,第一笔薪水……你有什么理由错过?

"天地有大美而不言,四时有明法而不议,万物有成理而不说。"春花秋月从我们的生命中穿梭而过,每一个冬天,我期待着皑皑白雪。当漫天飞雪融化,留下的只是一汪清水吗?

心中的雪花积累多了,可以变成春天。

明　钟钦礼　《雪溪放舟图》

国学小站

　　雪因其形素雅，其质冰清，其状时而舒缓悠扬，时而如暴如注，在国学文化中涵渊蕴藉，意味无穷。有的雪象征性灵的纯洁，如：梅须逊雪三分白，雪却输梅一段香。有的雪象征人心的寂寞，如：孤舟蓑笠翁，独钓寒江雪。有的雪象征胸襟的壮阔，如：燕山雪花大如席，片片吹落轩辕台。有的雪象征心境的宁静，如：晚来天欲雪，能饮一杯无。

　　难怪王国维在《人间词话》中说："一切景语皆情语。"自然界的意象、景物，原是人心情感的映射。

四

相逢恨早

人们常说：有一种遗憾叫作相逢恨晚。其实还有一种，谓之"相逢恨早"。恨晚的时候，一切都已来不及，空自嗟叹。恨早的时候，生命还未准备好，已然错过。

二十多岁，我第一次去敦煌。在莫高窟里大喊大叫，那样的鬼斧神工，那样的璀璨与辉煌，四面的光芒，仿佛透射到我生命里，禁不住泪流满面的惊喜和膜拜。

那时的敦煌，莫高窟离我更远，沙漠离我更近。我拿着手电筒，独闯沙漠。深一脚浅一脚地从沙丘上滚下去，亲近这蓝得让人心颤的天，拥抱那一把一把阳光砸下去的灿灿沙漠。二十岁澎湃的青春，无知者无畏。

四十多岁，我第二次去敦煌。穿越每一个洞窟，触摸一座座菩萨。我已不再泪流满面，而以一种柔软的缄默去体会。这个菩萨低眉垂面，顺着他的耳朵，似乎也能倾听千古旧事。那个菩萨讲经说法，依着他的目光如炬，仿佛视通万里山河。

那一次的最大收获，还是听说了舍利佛的涅槃。话说，舍利佛潜心向佛，八十岁于母亲房中涅槃。不久，母亲回家，见人去房空，不胜恓惶。于是，舍利佛肉身复苏，又坐起来讲了一遍经，直到母亲释然，他才第

> 善

敦煌莫高窟壁画 257 窟　《鹿王本生》

二次涅槃升天。

　　这段故事，只在中国的莫高窟才有，印度的佛教典籍从未提及。所谓的"中国特色"，便是"孝亲"。子曰："孝弟也者，其为仁之本与！"六祖慧能又言："**众人皆具佛性。一念悟，众生即佛。一念迷，佛即众生。**"儒家重"仁义"，佛家讲"慈悲"，殊途同归，不过"为人处事"，四字千钧。

　　人生不止于初见。最好的时候，完成最对的想法，便是最美的相逢。

> 国学小站

　　平日里，我们总把"涅槃"和"重生"放在一起，它似乎总象征着希望来临前所有的挫折与苦难，像黎明前那最绝望的黑暗。所以，我们眼里的"涅槃"总是指向明确的，带着些功利的色彩。其实，在佛教中，"涅槃"是一种灭生死、灭烦恼而达到解脱无为的境界，即不生不灭。"涅槃"还可意译为圆寂，功德圆满即为"圆"，业障灭尽即为"寂"，这是佛教修行所要达到的最高境界。

五

岁月风景

20世纪八九十年代,我在文化所工作了六年。院子就在今天的恭王府,院墙剥落,边边角角匍匐着荒烟蔓草,随手丢下几粒蜀葵,滋生一片,粉嫩透亮,可喜可爱。办公室在二楼,老木板踩上去吱吱呀呀,若有满腹心事。早晨,阳光从窗口打进来,透过雕花,有紫色泡桐蓬勃生长。傍晚,收拾书桌,逆着光,恍惚"游丝软系飘春榭,落絮轻沾扑绣帘"。

办公室的墙上,挂着宋儒张载名句:"为天地立心,为生民立命,为往圣继绝学,为万世开太平。"所长刘梦溪先生总是站在条幅底下,端详慨叹:"多好的四句话啊,它是中国知识分子的情怀与使命。"然后,年长我几岁的傅道彬老师接过话茬:"归根到底就是《周易》所言,观乎人文,以化成天下。文化就要化育人心啊。"十八年前的这些对白,而今思之,唏嘘不已。十八年前的小院风物,而今念之,刻骨铭心。

那时的我,是个名副其实的小编辑,却也无知无畏,成天追在大家后面约稿。拜访李泽厚先生,不好进门就催稿,我便从《美的历程》开头,高谈阔论。李先生家客厅不大,摆着一台老式冰箱。他对面默坐,任我信马由缰。突然,他走到冰箱前,拿出一大块巧克力,递给我。吃完说罢，我起身告辞，李先生又捧出一本《论语新著》手稿，郑重地交到我手上："把这个拿走。"李先生的客厅，沉默而丰富，年少飞扬的我，因此邂逅了不少学术的前沿风景。

还有一年，我去北京图书馆看望任继愈先生。那时的他，身体还很好，小小的个子，说话铿锵有力。"一块小饼干，咬一口，老师问：这是什么？标准答案是月牙。如果有孩子说，这是小船，就会被判错。我们的教育，幼儿园阶段就要求标答。这样下去，思想怎么能解放？"当年的"北图"，不似今日宏大壮丽，坐在任先生幽静的办公室里，聆听他针砭时事，感叹他学问之深，境界之大，人生历练之坎坷；然而，不迂腐不衰老，不纠结于细枝末节。而他心心念念要建立开放的标准，更是时代之先⋯⋯

当然还有启功先生。我在中文系读书的时候，就喜欢找他提问："启先生，字要怎么写，才叫好呢？"启先生说："你会骑自行车吗？你死死地攥着车把子试试，不是撞大树就是撞头。什么时候写字不较劲，就写好了。"我似懂非懂，回家再练。要做论文了，我又问启先生："理科论文能学理化，文科论文怎么才能学理化？"先生莞尔："你自个儿边写边看呗，什么时候你看着那论文说的都不像人话了，那就是学理化了。"在北京师范大学的校园里,我从本科,到读研,再任教,走了三十多年,日复一日。无论杜鹃烂漫,抑或腊梅幽香,哪条路上有先生的题字,我闭上眼睛都能找得到。那是师大人心中的胜景。

人生轮回,犹如四时风景。年轻的时候,我们沉浸在自己的天地里,渴望命运的波澜,期盼外界的认可,不懂得欣赏沿路的风景。一旁笑而不语的,是我们的父母、师长。因了这一路风景的濡染,我们在懵懂中与文化结缘。终于一天天发现,文化不是远离的、冰冷的,不是发黄的、需要膜拜的典籍。她支撑了时代,给予我们生命的基因。**文化是中国知识分子的人格力量,是一种传承,是很多人共同在做的一件薪火相传的事。所有的背影旧事,沉淀下来,终成风景。**

所以,我还不能停下来,仍有更多的事情要做,我还是前辈眼中的顽童和过客,我的身上仍有托付。等到那天,当我老了,有幸侧身于风景一角,也许会像他们当年一样,笑看华发已生,皱纹平添,感恩相逢,善待离别。

清　袁耀　《百岁旧人谈旧事》

  《周易》中有句话："观乎天文，以察时变，观乎人文，以化成天下。"我们的眼睛和我们的心要去观古今纵横的世界，观察几千年源远流长中潜藏的规则。观察之后，凝聚起观念，用以化育人心，化成天下。
  今天的国学，是无数先贤大家用生命激活和温暖之后的学问。我们每一个人都活在历史中，历史在某一个阶段内，可以是一种狂野的力量，一种粗暴的力量，甚至是一种匪夷所思的力量。学术在某一个阶段有可能被历史遮蔽，个人还会遇到种种不可测的社会运动或命运中的颠沛流离。但是人的信念和学问，只有这两件事情是任何力量都无可剥夺的。
  知识分子真正的使命，是对这个世道的责任，对人世的悲悯，对自己学问的情怀和担当。

六 三十而立

"三十而立。"

三十岁这个年纪,在今天这个心理断乳期大大错后的时代,尤其是在大都市里,还被称作"男孩""女孩"。怎样判断一个人在这个世界上是否"立"起来了呢?

首先是内在的立,然后才是在社会坐标上找到自己的位置。

大家知道,黑格尔提出了"正反和"三段论。人最早接受的教育一般都是正的,比如在刚刚读小学的时候,他相信太阳是明亮的,花朵是鲜红的,人心是善意的,世界是充满温情的,王子和公主最终是可以在一起的,生活中是没有忧伤的。这就是正的结果。但是长到十几岁的时候,就会出现比较强烈的逆反心理;二十多岁刚刚步入社会时,甚至觉得这个世界上一切都不尽人意,觉得成人世界欺骗了自己,觉得生活中满是丑陋、猥琐、卑鄙和欺诈。这就是我们经常说的"小愤青"。这个时候,青春的成长有它特有的苍凉,人必然表现出一种反弹。那么走到三十岁,应该是人生"和"的阶段,就是既不像十来岁时觉得眼前一片光明,也不像二十多岁时觉得一片惨淡。

三十岁这个年纪,是一个建立心灵自信的年纪。这种自信不是与很多外在的事物形成对立,而是形成一种融合与相互提升。就像泰山上的一副对联：海到尽头天做岸，山登绝顶我为峰。这是中国人对于山川的一种感受，它讲的不是征服，而是山川对自我的提升。就像大海到了尽头，以苍天为岸，对自己是一种拓展；人登上山峦的顶峰，并不是说我把高山踩在脚下，而是说我站在山顶，高山提升了我的高度。

三十而立，不是通过一个外在的社会坐标来衡量你是否已经成功，而是由内在的心灵标准衡定你的生命是否开始有了一种清明的内省，从容不迫，对自己的所作所为有了一种自信和坚定。

中国人的学习有两种方式，一种是"我注六经"，另外一种是"六经注我"。

前一种方式需要皓首穷经，等头发都读白了，把所有的书读完了，才可以去给经典作注解。

而后一种方式是更高境界的学习。所谓"六经注我"，是以经典所传达的精神来诠释自己的生命。

三十岁这个年纪，恰恰站在遇见自我的起点上。

明　唐寅　《杏花茅屋图》

子曰："吾十有五而志于学，三十而立，四十而不惑，五十而知天命，六十而耳顺，七十而从心所欲，不逾矩。"

——《论语·为政》

我十五岁开始立志学习，三十岁能自立于世，四十岁遇事就不迷惑，五十岁懂得了什么是天命，六十岁能听得进不同的意见，到七十岁才能达到随心所欲，想怎么做便怎么做，也不会超出规矩。"从心所欲"便是我们所说的"自由"。但自由之外，又要求"不逾矩"，也就是说，要尊重天命，尊重世界运行的规律。

宋·陆九渊《语录》："或问先生：何不著书？对曰：六经注我！我注六经！"说的也正是这种将自我意识与宇宙来源内化、融合，从而达到"天人合一"的自由境界。

七

针线有爱

我的博士生导师,北师大的邓魁英先生,讲课好,写书也好,是一个非常快乐的一个人。而师母特别喜好编织。

怀孩子的时候,我和师母唠嗑:"等娃娃出世了,就喊您二老姥姥姥爷。"师母一听,笑得合不拢嘴。

女儿出生第一年,我抱着孩子来导师家拜年。那时,她恰好半岁。师母就用小毛线织了一件比巴掌大不了一点的、特可爱的小毛衣。上面的图案,全是一个大动物拉着一个小动物,齐齐整整、漂漂亮亮的。为织那件小毛衣,她先画好图案,然后挑出不同的线,一针一针地配,慢慢织好。

到了孩子一岁,两岁,三岁……师母每年都在织,只是织出的图案,越来越简单了。她总是叹息着:"哎呀,我现在的眼神开始发花了,手也不得劲了,织出的毛衣也不如从前了……"但是,她又想让孩子更漂亮。于是,织不动图案了,她就开始织彩条的毛衣。各种不同颜色的彩条,轮换着织。

终于有一年,师母织的毛衣变得非常简单了,针脚也不再平整。师母掩饰不住的难过:"我的手指已经风湿变形了,勾个毛线啊,劲都不匀了。织件衣裳吧,也不平整了。赶紧拿回家给孩子穿吧,真不知道以后还能不能织得动了。"

第二年，我们再去拜年，她又捧出一件毛衣，送给孩子。现在，女儿已经上学了，师母还在织，还在送。她似乎一直都在较着劲，也许就为着孩子的那一声"姥姥""姥爷"。

世上最爱我们的人是妈妈，妈妈的妈妈是姥姥，世上最疼我们人的是姥姥。叔叔阿姨会给孩子们买漂亮的芭比娃娃，买时尚的旱冰轮滑，只有姥姥们永远用着最手工的方式，一针一线地编织着爱，呵护这个孩子。

"慈母手中线，游子身上衣。"又岂止是母亲与游子？**当我们沉淀心灵，安坐在操作台前，一件毛衣、一张贺卡都被赋予了特殊的生命和灵气。每一件手工的背后，都有一个美丽的故事。而这些故事，有多少人看到，又有多少人听到呢？**

只为人心里有一份沉甸甸的在乎，让你精心竭力，动手去做一件无价的礼物，把所有的祝福放在里面。

如同，姥姥的爱。

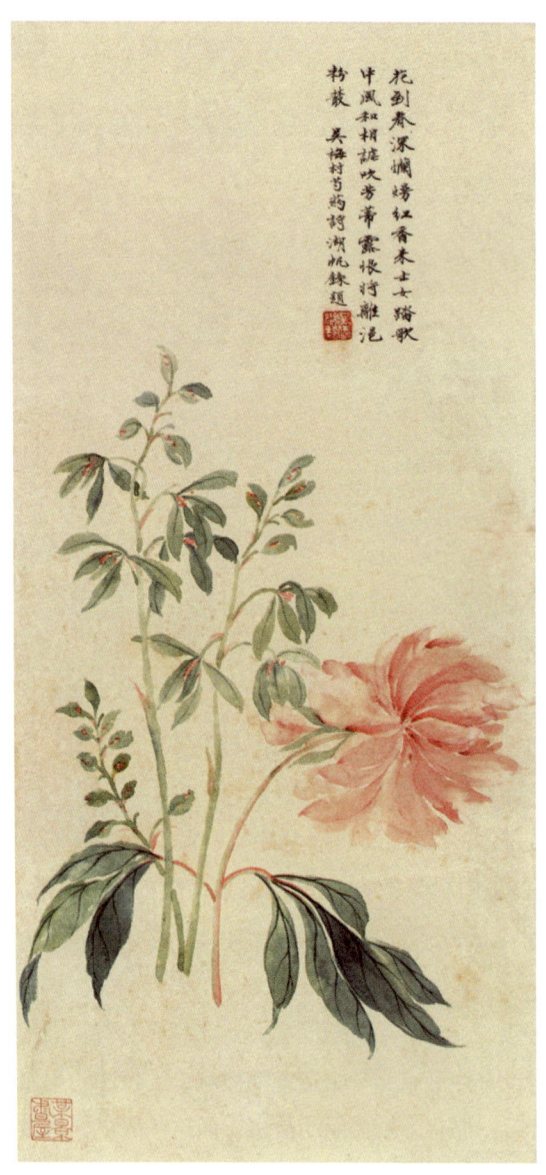

近现代　吴湖帆　《芍药》

国学小站

大家都知道"满月宴",其实,小孩出生后第一个礼仪是姥姥做的"满月鞋"。这个民俗最早来自关中,由孩子的姥姥亲手为孩子制作老虎、狮子、兔子等等动物鞋,活泼童趣,又古色古香。寓意小孩贱生贱养,快乐平安。

有梦安顿

浴乎沂
风乎舞雩
咏而归

沐浴春风咏而归

一日，孔子与他的四个学生——子路、曾皙、冉有和公西华畅谈理想。

子路赶忙回答："一个拥有一千辆兵车的国家，夹在大国之间，常受外国军队的侵犯，加上内部又有饥荒，让我去治理，等到三年功夫，就可以使人人勇敢善战，而且还懂得做人的道理。"

孔子听了，微微一笑，又问："冉有，你怎么样？"冉有回答说："一个纵横六七十里、或者五六十里的国家，让我去治理，等到三年，就可以使老百姓富足起来。至于修明礼乐，那就只得另请高明了。"

孔子便又问公西华，他回答说："我不敢说能够做到，只是愿意学习。在宗庙祭祀的工作中，或者在同别国的会盟中，我愿意穿着礼服，戴着礼帽，做一个小小的赞礼人。"

最后问到曾皙。曾皙于是把瑟放在一边，直起身来从容说道："我希望，在大地开冻、万物欣欣向荣的时节，沐着春风，与天地一起，共同迎来一个蓬勃的时刻，安排一个洗涤自己、亲近自然的仪式，这个仪式完成后，大家就高高兴兴唱着歌回去了。我只想做这样一件事。"孔子听了他的话，深深地感叹，我与你一样啊！

宋代大理学家朱熹说，曾皙的理想看起来不过是"即其所居之位，乐其日用之常，初无舍己为人之意"（《四书集注》）。好像他做的都是些日常小事，没有什么舍己为人的大理想。但是，曾皙的内心是完满充盈的，他以自身人格的完善为前提，以万物各得其所为理想，这比将理想定位于一个具体职业，高出一个层次。

士农工商、五行八作，每天一睁开眼投入各自的角色中，我们希望上司欣赏，客户满意，父母有光，孩子争气。我们永远都在变脸，时刻在调整身段。上场锣声声紧催，生旦净末丑，神仙老虎狗，我们唱念做打，蹿高伏低，永远没有谢幕的时候。

当一个人习惯于在角色中欢欣地表演，他认为这就是自己的理想，这就是成功的人生。即便情绪低落、行差踏错的时候，我们也不敢追问究竟。我们须臾不敢离开角色，害怕一无所有。此时此刻，还有多少心灵的愿望受到尊重呢？角色之外，还有多大的时空，确认我们的内心呢？

曾皙的这个仪式，看起来没有任何实用的意义，但是能给内心安顿。这种安顿，能让我们与天地合一，去敏感于自然节序的变化，流连山水，吟诵风月。这种安顿，是明媚春日里，我们储备过冬的阳光。

理想和心灵的关系，就如同风筝和引线。风筝能飞多高，关键在于

明　仇英　《子路问路图》

心灵是否舒展。理想再大，如果心灵纠结如一团乱麻，也难以起飞。相反，即便理想很小，只要心灵是舒展的，自由的，同样能够高飞。

孔子说："三军可夺帅也，匹夫不可夺志也。"（《论语·子罕》）意思是说，一个人的志向至关重要，决定了他一生的发展和方向。然而志向却并非越高远就越好，真正重要的是一个人内心的定力与信念。

我们的心能遨游多远

　　庄子这个名字藏在我心中很多很多年，蹁跹如蝶，每每在我滞重胶着的时候，透进天心一线亮光，给我摆脱地心引力的力量。

　　从很小的时候就喜欢《庄子》的一句话："乘物以游心"，但是用了很长很长的时光也没有想得明白：我们的心究竟能遨游多远？

　　庄子自称写了一卷"谬悠之说，荒唐之言，无端崖之辞"，并且放言："以为天下沉浊，不可与庄语。"所以我在床头放了好多年陈鼓应先生的《庄子今注今译》，却一直不敢以为读懂一二。天地大道，法乎自然，庄子于虚静中挥洒着他的放诞，于达观中流露出些狡黠，我情愿用一生的体温去焐热这个智慧的名字，渐行渐远，随着他去"独与天地精神往来"。

　　读大三那一年，中文系浩浩荡荡去游泰山，对中国文人而言，秦皇汉武曾经封天禅地的五岳之尊就是一个成人仪式的圣殿，可以凌绝顶、小天下、见沧海、现我心。我们这一群半大孩子，从凌晨三点就意气蓬勃，赶着去看泰山日出。自中路而上，两边的石刻碑文像一卷徐徐展开的大书，古圣先贤端庄肃穆，一重又一重的激励怦怦荡开我们青涩年纪上正在长成的襟怀，因为相信"登山必自"，所以我们没有用拐杖助力，一步步用青春躯体丈量过条千古励志之路，真真切切体会到"士不可不弘毅,任重而道远"的况味,一路晨光熹微,从墨黑的天色里透出月白、水蓝、直到嫣红姹紫,烧出满天云蒸霞蔚……此一刻,我们刚好迎着山巅长风,感受了"海到尽头天作岸,山登绝顶我为峰"的豪迈,这条迎着生命朝阳的朝圣之路,让我忽然顿悟:这就是儒家的践行之道,千里之行,积于跬步,直至天下担当。

下得山来,第二天休整,我心中却隐隐悬着一个不甘的愿望,想去看看传说中的后山。于是一个人偷跑出去,自清晨开始从后山小路独自攀援。80年代中期的这条路并没有修得太好,常常断路,需要四肢并用,一路上除了泰山挑夫,罕见游人。然而那是怎么样一番山川奢华的气象啊——遍山葱茏,蓊蓊郁郁,山花肆意烂漫,怒放得不计成本,整座仲夏时节的泰山,生机盎然,充满了灵动的深情……我心中返响出"天地有大美而不言,四时有明法而不议,万物有成理而不说"这句话,又一次开悟:鲜有碑铭的后山用自然造化完成了对我生命的另一种成全,阳光中折射出庄子的微笑。

前山之路是儒,授我以使命,教我在社会人格中自我实现,以身践行;后山之路是道,假我以羽翼,教我在自然人格中自我超越,心灵遨游。

善

180

清　袁耀　《山水》

　　流光一闪几十年，红了樱桃，绿了芭蕉。生命的成长一如庄子的另一句话："外化内不化"，对外在世界越来越多宽容感恩，融合于规则，而内心的执守日益打磨得坚毅无悔，不再怀疑是否真的可以用一生把梦想刻画成真。

　　"列御寇御风而行，犹有待也。"我们的一己人生，要酝酿多少智慧的勇敢，才可以终至于"彼且恶乎待哉"的骄傲境界？

　　"虽不能及，心向往之。"穿越千古尘埃，不舍追寻：今生今世，我们的心到底可以遨游多远……

常羡人间琢玉郎，天应乞与点酥娘。自作清歌传皓齿，风起，雪飞炎海变清凉。

　　万里归来年愈少，微笑，笑时犹带岭梅香。试问岭南应不好？却道：此心安处是吾乡。

——苏轼《定风波》

　　苏东坡认为，"此心安处"便是家。李白更了不得，"但使主人能醉客，不知何处是他乡。"到哪儿只要喝醉了，就是家乡。这样的人心，能不自由吗？台湾诗人余光中先生《梦李白》，说他绣口一吐，就是半个盛唐。因此，地方不重要，关键是你的心真的飞扬了吗？你有这样的一种豪奢吗？你有这样的一种骄傲吗？你有生命的从容和狂放吗？你能够真正独立于世去酝酿你最大的价值吗？

　　建立我们人生的坐标系，发现生命的自由与光明。相信一颗心，也是可以改变世界的。

一生如诗

人生不满百，总有几个时刻与诗结缘。

第一时刻，是我们小时候唱儿歌。"你拍一，我拍一。"清脆明亮，天真自由，儿歌是诗意的开始。

如同很多中国小孩，女儿很小就能背杜牧的《清明》。有一天，她问我："妈妈，什么是词？"我说："你看这首《清明》，我们要是重新断一下句——清明时节雨，纷纷路上行人，欲断魂，借问酒家何处？有牧童遥指杏花村。如此缤纷错落，就是词了。"如果你心有所感，诗词便怦然入心，仿佛连日来"心中有、口上无"的情绪，瞬间被千年之前的知己洞穿。诗的格律，词的词牌，如果懂得了情感的起伏跌宕，它就是可以信手拈来的一种形式。童年诵读诗词，它是我们对世界的好奇心，让我们学会了语言的节奏。

第二时刻，是我们少年恋爱读情诗。所有爱情都是诗人情怀，所有恋人都酝酿着芬芳诗意。所谓"情人眼里出西施"，无非你看他百样皆好，又待他千般无奈。这些千愁万绪说出来，写下来，就活在诗里了。

我二十多岁的时候，曾经有几年下放到印刷厂，做一些永远都看不见字的体力活，归来的日子遥遥无期，突然之间生出好多寂灭和绝望。有一天，我推着单车下班，偶然飘来罗大佑干净的声音："生命终究难舍蓝蓝的白云天。"原来在我的生命中，好多诗意的东西还活着，似

乎顺手拽过来的太阳，一下就把心照亮了。

　　第三时刻，人到中年，诗歌抚慰我们疲惫的心灵。中年离角色很近，离生命很远，人会活成小说，活成散文，已然淡忘了诗歌。然而，"少年不知愁滋味，爱上层楼，爱上层楼，为赋新词强说愁。而今识尽愁滋味，欲说还休。欲说还休，却道天凉好个秋。"在涉世既深又饱经忧患之余，这些多而深的愁，有的不能说，有的不便说，"识尽"而说不尽，说之复何益？浓愁淡写，重语轻说，耐人寻味。又比如唐代张祜的《宫词二首》，四个数字，白描一个白头宫女的一个瞬间，穿透了她的全部人生和宠辱悲欢。"故国三千里，深宫二十年。一声何满子，双泪落君前。"空间何其远？故国三千里之遥。时光何其长？深宫二十年之久。一个远离故土、深宫蹉跎了一生的红颜，心已经寂灭如灰的白头宫女，只需一个时分，只要一个理由——听见了那一声故乡的"何满子"，那个腔调，那个歌声，所有生命中隐秘的忧伤，突然爆发。"一声何满子，双泪落君前。"那一瞬间的坍塌跟前面的三千里和二十年，是多大的反差。

　　下一时刻，是你的暮年。"多少人爱慕你青春欢畅的时辰，爱慕你的美丽，假意或真心。只有一个人还爱你虔诚的灵魂，爱你苍老的脸上痛苦的皱纹。"爱尔兰的叶芝和终生女友毛特·岗的爱情故事,因此诗成为后世佳话,而这首诗的意象最早出自法国龙萨的《当你老了》。还有改编后的当代民谣《当你老了》,在音乐里娓娓述说爱的执着与坚定,别具风味。那一年,叶芝向他的爱人表白:"我曾以古典的方式爱过你。"也有诗人说:"我所相信的,只是那些从来没有被说出来的爱情。"当你老了,如果还能与诗做伴,就能活出一生的如诗岁月,让我们外在的、琐碎的、无奈的年华多多少少有一点梦里的颜色。

同样一首诗,不同的年纪,念法也许是完全不同的。无论是幼年时的朗朗上口,不自知在诗里打开一个好奇的世界;还是青年以后,那么多上天入地的爱怜都涌动在心里,你愿意把它排列成行;或者是走过这一生,所有的宠辱悲欢,所有的可以言说与不可言说,酝酿在心,只要你是真诚的,念出来当时年龄的诚意和勇敢,映照出年华和内心;那么,诗歌就像晨曦与暮霭,永远都在,与你相伴。

"少年听雨歌楼上,红烛昏罗帐。壮年听雨客舟中,江阔云低,断雁叫西风。而今听雨僧庐下,鬓已星星也。悲欢离合总无情,一任阶前、点滴到天明。"

果然,一生如诗。

近现代 吴湖帆 《霜林烟浦》

国学小站

诗是我们中国人的文艺宗教。我们在李商隐"春日在天涯,天涯日又斜。莺啼如有泪,为湿最高花"(《天涯》)的诗意里柔肠百转;在曹操"东临碣石,以观沧海……日月之行,若出其中,星汉灿烂,若出其里"(《观沧海》)的诗意里辽阔无边;在杜甫"江汉思归客,乾坤一腐儒"(《江汉》)的"乾坤唯一"中骄傲,在他"飘飘何所似,天地一沙鸥"(《旅夜书怀》)的天地间翩然潇洒;我们也在纳兰容若"一生一代一双人,争教两处销魂?相思相望不相亲,天为谁春"(《画堂春》)的泣血中懂得相思,常惜相守……诗意让我们有了日月星辰、时空往来的大坐标,从此将忧伤变小了;诗意也让我们懂了失去时两处销魂的痛彻,让我们更能珍惜当下的拥有。诗意,也许是我们繁难生活中的那一束永远的光,照得亮未来,望得见过去。

没钱的日子

没钱不一定没快乐。没钱才拿钱当回事，才能想方设法地用最小的投入，去创造最大的产出，一步步靠近理想中的富足感。

我的一位闺密，南方人。说起没钱的日子，也是唏嘘不已。过去的北京，冬天放福利，就是大白菜。这是老北京的口儿，她可不爱。五棵大白菜，拿出四棵送了人。

而那棵最大、最沉的白菜，她挑出来，要送给自己的北京男友。下午5点出门，坐公交，倒一趟车，换乘地铁。等她敲开男友的家门，已经是晚上8点。她端着那棵白菜，僵在门口，一脸的鼻涕眼泪，没法擦。男友揉着她的胳膊，心疼不已："你看你，为一棵白菜，值得吗？"

没钱的日子，其实很暖。

《浮生六记》里，沈三白和妻子芸娘，后来家道中落，流离失所，自食其力。有钱的日子，他们游山玩水，赌书泼茶。没钱的日子怎么过？芸娘于是编席养家。

编席是粗活，风吹日晒，芸娘就将席帘做成四扇活动屏风。太阳当东照，她就把画屏挡在东边，在下面干活。太阳当西照，她就把画屏挪到西边，继续编席。

她还不忘饮茶。将那些劣质的廉价茶叶，用纱布制成小包。等太阳落山，找一朵将开未开的莲花，扒开莲心，把茶包放进去，再用线将莲花扎紧。第二天清晨，再解开线，把茶包拿出来。

如此三番。一个个月色如水的夏夜，那包低廉的茶叶，就在莲心里静静酝酿，浸润甜香，深藏清凉。过了第三晚，这茶包便能喝出神仙般清雅的荷香了……

没钱的日子，竟如此美。

子曰："何陋之有？"没钱有爱，最恶劣的条件下，发现美，打造精致，那是骨子里的涵养，任谁也无法剥夺的欢喜。

清　恽寿平　《蟠桃图》

　　李白诗《春夜宴从弟桃李园序》中有云："夫天地者，万物之逆旅也；光阴者，百代之过客也。而浮生若梦，为欢几何？""浮生"二字即典出于此。《浮生六记》是清朝长洲人沈复（字三白，号梅逸）著于嘉庆十三年的自传体散文，以深情直率的笔调叙述了和妻子陈芸的生活点滴。他们不过追寻一种布衣蔬食的艺术生活，然始于欢乐，终于忧患。情伤处令人潸然泪下，不能自已；意适处使人欣然领首，乐在其中。1936年林语堂将《浮生六记》四篇翻译成英文时，在序言中写道："芸，我想，是中国文学上一个最可爱的女人。"

五

取舍的气度

《吕氏春秋》讲了一个小故事。有人想买一只世界上最好的狗,邻居就为他选了一只强壮凶猛的猎狗。这个人心想,既然是最好的狗,又花了这么多钱,应该什么都会。他就训练猎狗捉老鼠,却总是办不到。他去求教鉴狗大师。大师告诉他:"这确实是一只难得的好狗。它的猎物是獐、麋、猪、鹿这类野兽,而不是老鼠。如果一定要让它捉老鼠,就把它的后腿拴起来。"这只狗的后腿被拴住,慢慢地,学会了捉老鼠。然而,它再也不是猎狗,无法捕捉野兽。它成了一只猫,还是一只瘸脚的猫。

这就是追求全能的代价。

"子曰:不在其位,不谋其政。"你在什么位置,就守好那里的本分,不要越俎代庖,跳过自己的职位去做不该你做的事。你是一只狗,就守住狗的本分,做一只最好的猎狗,去追逐獐麋鹿兔,而不能去逮老鼠,逮老鼠是猫的事。这是一种职业化的工作态度。

这种态度隐含着一个前提,就是"在其位,要谋其政",先把自己的岗位做好,不要操心别人的事。常有人说:年轻人要好好干,一个人干仨人的活才好呢。你认为是替领导分忧,其实,并不符合现代企业管理精神。谁的活儿谁操心,这样的话,大家合起来才是一盘棋。

在其位，怎么谋其政呢？

首先是行事的原则。君子对于天下事，不刻意强求，不无故反对，没有薄没有厚，没有远没有近，没有亲没有疏，一切按道义行事。

其次是做事的方式。"多闻阙疑，慎言其余，则寡尤；多见阙殆，慎行其余，则寡悔。言寡尤，行寡悔，禄在其中矣。"（《论语·为政》）少说多做，做事要积极，说话要谨慎。先带着耳朵去多听，有疑问的地方放一放。然后多看，迷惑多是因为眼界不够大，井底之蛙怎么能知道什么叫海阔天空呢？我们常说一个人身体力行，那叫直接经验；而听听别人的经验教训，包括他经历的坎坷，走过的弯路，那是间接经验。阅历丰富了之后，做事仍然要谨慎，即使自己觉得有把握的地方，说话时也要小心。多思、多想、多听、多看、谨言、慎行，这么做的好处就是自己少一点后悔。一个人如果在说话里面少了指责、抱怨，在行为中少了很多让自己后悔的经验，这个人出去做官做事，就能成功了。

最好的事业不是贪多求全，四处点火，而是水滴石穿与健康持久。"不在其位，不谋其政"和"在其位，谋其政"，说到底，就是不做不重要的大事和去做重要的小事，这是一种取舍面前的气度与格局，体现了自我认识的睿智与深刻。

善

明　边景昭　《三友百禽图》

国学小站

　　中华文化的童年期,《诗经》就有言:"彼黍离离,彼稷之苗。行迈靡靡,中心摇摇。知我者谓我心忧,不知我者谓我何求。"在不在其位,君子总有为国为民的忧思。及至宋代,范仲淹在《岳阳楼记》里写道:"居庙堂之高则忧其民,处江湖之远则忧其君。是进亦忧,退亦忧,然则何时而乐耶?其必曰:先天下之忧而忧,后天下之乐而乐。"无处安放的情怀,无须解释的来由,也不过"穷则独善其身,达则兼济天下"的人格理想。生生不息,代代传承。

六

注定寻找

人类一直在寻找。一些人在找答案，一些人在找起点。

我常说，中国人的思维方式，在伦理关系的信任中，某种意义上是替代宗教的。西方记者就不信："你们的伦理有那么强大吗？它怎么能替代宗教呢？"

我回答："试试看，咱俩要是把杯子都打翻了。你会本能地叫，Oh, My God，我的上帝。我呢，本能地喊：哎哟，我的妈呀。为什么我不叫神呢？因为我从小不上教堂。为什么你不叫妈呢？因为你从小就有很独立的意志。你有你的正确，我有我的道理。"

不管我们各自寻找什么，能理解，能欣赏，就算是能沟通。

比如天空飞鸟。德国的国旗上就是一只黑鹰，歌德、海涅，他们所讴歌的勇敢尊贵的、搏击风雨的、孤单的鹰隼；这些在中国的诗词中是找不着的。中国人的飞鸟多是成群的小鸟。陶渊明说："众鸟欣有托，吾亦爱吾庐。"鸟儿都进树窝了吧，我也就回草房了。常建说："山光悦鸟性，潭影空人心。"鸟儿在山花中高兴了，人心也就透彻了。当然，即使杜甫描写自己的无非也是"飘飘何所似，天地一沙鸥"。用今天的歌名来诠释这句诗，大概就是"我是一只小小鸟"。

鹰隼的高贵源自对神的膜拜，而飞鸟的悠然体现人的欢欣。

再比如舞蹈。西方的芭蕾上肢永远是不动的，下颌微微抬起。跳舞时不断地托举，摆脱地心的引力，追求永恒的自由和个体的尊严。然而，中国的戏曲总是以造型俯归于地面。武生亮一个"山膀"，旦角翘一指"兰花"，睡觉称作"卧鱼"……一切生旦配合的动作都是不挣扎的，完成一种圆润的环抱。

因此，所有的寻找，一切的文化都带着两个坐标。一个是时间的坐标，立足于当下。一个是空间的坐标，能够与国际沟通并且融合。文化有它的成长性，不以二元性去评价优劣，而用唯一性去衡量价值。正所谓"大道无形"，"能包之而不能辩之"。

寻寻觅觅，心平气和。可以沟通而不是对抗，恰是多元文化的本意。

有一个禅宗故事，恰切地诠释出东方人的文化心理。

一位大师学问通达博雅，带着学生外出讲学。路过一个闹市，听到有人争吵，他们就看热闹。原来是一家布店，一个外乡人偶尔路过，说："哎呀，你们家布不错，我买三丈布。"老板说："好啊，八块钱一丈，三八二十四，交钱吧。"外乡人说："三八二十四？我一直记着三八二十三。"老板不依了："我天天在这儿卖布，还能错吗？"大弟子走过去说："三八肯定二十四，把钱给人家吧。"外乡人脸上挂不住了："我说二十三就是二十三。"大徒弟很生气："我师父在这儿，他无所不知无所不晓，你敢不敢跟我去见师父？"外乡人正在火头上，想都没想，说："好，咱们就打赌，三八要是二十四，我输你个脑袋。"大弟子摸摸脑袋，正好戴了顶新帽子，于是说："要是三八二十三，赔你顶帽子！"

两个人见了师父，各执一端地说完了。师父笑眯眯地说："哎呀，三八就是二十三，你赶紧把帽子给人家。"大弟子窝着火也不能说，毕恭毕敬地把帽子给了人家，眼睁睁着外乡人戴着帽子招摇过市。想了好几天，大弟子到底意难平，忍不住问师父："三八难道不是二十四吗？我输一个赌不要紧，您颠倒是非，要落得天下人耻笑啊。"师父于是问他："是帽子重要，还是脑袋重要？"

什么是佛？佛要看清人最终权益上的得失，而不是纠缠于局部真理。世间事很少非此即彼、非黑即白、非对即错，用一颗佛心去解读；再面对时，也许会云淡风轻、心平气和。

近代　黄山寿　《庐巅观泉》

七

阳光就在更高处

我第一次上庐山,到达时已经是下午四点多。因为赶时间,所以我们就直接上山了。车子一路往山上开,经锦绣谷,过大越山,登五老峰……因为庐山以云雾著称,大家会觉得空气里湿得都能出水,脚底下的苔藓上永远都是滑腻腻的,四面充满了阴霾,呼吸都困难。然而,庐山的主人会建议你往上走,一直往上走,绝望而索然地往上,直到山顶。后来的一幕让我热泪盈眶、刻骨铭心——终于在某一个高度上,突然就看到了璀璨、浩然的阳光。一小时之前还裹着你、困着你的那团云雾,现在却成了眼前一道美丽的风景。站在一片阳光中俯瞰,云海美得惊人,因为阳光的照耀而有了瑰丽纷呈的光影变幻。

原来,只有往上走你才会知道,阳光一直都在。没到那个高度,你不会遇见它。

原来,只有往上走你才会懂得,置身阳光,往下俯瞰,刚才困惑你的浓浓云雾,不过是眼前的一道风景。

"不识庐山真面目,只缘身在此山中。"人站在峰顶,就有能力俯视了;人沐浴阳光,才有心情审美了。如果一直抱怨云雾太重,已经走了很久还没有遇到阳光,只能说明你站的位置还太低。

我登临过很多山峰,泰山的摩崖石刻,黄山的奇松怪石,无论何时,它们永远都在。我们遇见的是确定性。唯独在庐山，每一次去，你都不知道会看见怎样的云山雾海，不知道第二天的早晨，会有如何的气象万千。我们遇见的是可能性。

《礼记》有言："苟日新，又日新，日日新。"这句话原本刻在商汤王的洗澡盆上：假如今天把一身的污垢洗净了，以后天天便要洗净污垢，贵在坚持。其实，精神上的洗礼，品德上的修炼，思想上的改造，何尝不是如此？

"日新"即为创新。这种持续的修炼，是对寂寞和孤独的忍耐，对持续更新的坚守，以及对内外喧哗的疏离。**创新者失败的几率高于常人，必须接受命运的千锤百炼，人世的冷暖凉薄，不断地往上，再往上，才能拥抱璀璨浩荡的阳光，触摸瑰丽纷呈的光影。**

所以，以"日日新"的姿态，去面对生活中的迷雾，保有一份持久的耐力和一种清澈的智慧，一种审慎的态度和永不舍弃的柔韧，一步一步持续前行。那么，我们绝对有理由相信：阳光就在更高处。

《史记·孔子世家》记载：一日，孔子适郑，与弟子相失。子贡向一位老者打听：可曾见到一位身高九尺、年过六旬，须发霜染的外乡人吗？老者微笑着说：东门外有一老者，身长九尺有余，生一双河目，阔额高颧，头似唐尧，颈似皋繇，肩似子产，自腰以下，不及禹者三寸，累累若丧家之犬。

子贡奔向东门外，找到了孔子，毫不避讳地把那位老者的话讲给了孔子。孔子非但没有生气，反而哈哈大笑："形状，末也。而谓似丧家之狗，然哉！然哉！"

去国别家，不事功名，孔子放弃了很多；然而，教化平民，周游布道，孔子一直在坚守。何时放弃，何时坚持？来自一颗心的称量。什么是不可抗的困难？什么是最深心的渴望？所以，"累累若丧家之犬"的孔子是自信的。人生有没有意义？都是自己创造出来的。豁达而坚韧、不断升华、充分燃烧，这就是孔子的人生。

善

200

近现代　齐白石　《山水图》

图书在版编目（ＣＩＰ）数据

此心光明万物生 / 于丹著. -- 武汉：长江文艺出版社，2016.9
（于丹国学美文）
ISBN 978-7-5354-8960-9

Ⅰ. ①此… Ⅱ. ①于… Ⅲ. ①国学－通俗读物 Ⅳ. ①Z126-49

中国版本图书馆 CIP 数据核字(2016)第 160329 号

出 品 人：尹志勇
选题策划：李　潇
责任编辑：李　潇　方　莹　　　　责任校对：陈　琪
封面装帧：壹　诺　　　　　　　　责任印制：左　怡　包秀洋

出版：长江出版传媒 | 长江文艺出版社
地址：武汉市雄楚大街 268 号　　　邮编：430070
发行：长江文艺出版社
电话：027—87679360
http://www.cjlap.com
印刷：湖北新华印务有限公司

开本：640 毫米×970 毫米　　1/16　　印张：13.75
版次：2016 年 9 月第 1 版　　　　2016 年 9 月第 1 次印刷
字数：108 千字

定价：35.00 元

版权所有，盗版必究（举报电话：027—87679308　　87679310）
（图书出现印装问题，本社负责调换）

此心光明
万物生

此心光明
万物生